AF330693

LA
CONSTITUTION NÉCESSAIRE

L'ORDRE MORAL PAR LA LIBERTÉ

PAR

FÉLIX BELLY

MEMBRE DE LA SOCIÉTÉ D'ÉCONOMIE POLITIQUE

« Ne faites pas aux autres ce que vous ne voudriez pas qu'on vous fît. »   (La morale éternelle.)

« Il n'y a pas de droit contre le droit. »
(Bossuet.)

« La société n'existe que par l'homme et pour l'homme. Tout ce qui viole le droit de l'individu est antisocial. Tout ce qui amoindrit sa responsabilité est antimoral. Toute religion qui ne respecte pas l'œuvre de Dieu dans la conscience universelle n'est qu'une sacrilége exploitation. »   (L'ordre moral.)

« J'ai pour la liberté l'enthousiasme de la religion, l'entraînement de l'amour et la conviction de la géométrie. »   (La Fayette.)

1 franc 25 centimes

PARIS

ARMAND LECHEVALIER, ÉDITEUR

61, RUE RICHELIEU, 61

1873

CONSTITUTION NÉCESSAIRE

L'ORDRE MORAL PAR LA LIBERTÉ

PAR

FÉLIX BELLY

MEMBRE DE LA SOCIÉTÉ D'ÉCONOMIE POLITIQUE

« Ne faites pas aux autres ce que vous ne voudriez pas qu'on vous fît. » (La morale éternelle.)

« Il n'y a pas de droit contre le droit. » (Bossuet.)

« La société n'existe que par l'homme et pour l'homme. Tout ce qui viole le droit de l'individu est antisocial. Tout ce qui amoindrit sa responsabilité est antimoral. Toute religion qui ne respecte pas l'œuvre de Dieu dans la conscience universelle n'est qu'une sacrilége exploitation. » (L'ordre moral.)

« J'ai pour la liberté l'enthousiasme de la religion, l'entraînement de l'amour et la conviction de la géométrie. » (La Fayette.)

1 franc 25 centimes

PARIS

ARMAND LECHEVALIER, ÉDITEUR

61, RUE RICHELIEU, 61

1873

Ce projet de Constitution n'est que la conclusion pratique d'un livre de bonne foi et de vérités éternelles, que le régime triomphant et ses procédés asiatiques ne me permettent pas de publier.

Nul cependant ne peut déserter la brèche sans crime devant les sinistres projets dont nous sommes menacés. Ce n'est pas seulement la République qui est en cause, c'est la liberté de tous les temps et de toutes les latitudes; c'est la loyauté et le bon sens de notre caractère national; c'est la mémoire vivante de tous ceux qui ont combattu le bon plaisir et la fourberie, depuis Pascal jusqu'à Chateaubriand; c'est la conscience humaine dans ses mouvements les plus spontanés et les plus inviolables, que tous les peuples honorent, et que le paganisme lui-même avait respectés.

Le paganisme élevait des autels à tous les vices, mais il ne les appelait pas des vertus. Il ne divinisait pas l'hypocrisie et l'hallucination. Il ne couvrait pas d'un voile sacré les cupidités féroces et les calculs sordides de la dépravation. Il avait des Philippiques et des Catilinaires contre les déprédateurs de la fortune publique, les marchandeurs de trahison et les violateurs de la foi jurée. Et ses Tacite et ses Juvenal marquaient d'une flétrissure qui fume encore les Séjan aussi bien que les Tibère, les apostats repus aussi bien que les délateurs et les proxénètes.

Il était réservé à une caste qui se dit chrétienne, en protégeant les vendeurs du temple et en foulant aux pieds tous les enseignements du Christ, de nous faire assister à des spectacles devant lesquels il n'y a place que pour l'indignation et la stupeur. Quelque chose des grandes conflagrations du monde primitif s'agite évidemment dans les entrailles de l'ordre social. Qu'en sortira-t-il? Un avenir prochain nous le dira. Mais j'ai cru de mon devoir de rappeler, sans phrases, à ceux qui l'oublient, qu'il y a quelque part une Nation souveraine, un Droit public et un Code pénal. Tel est le but de la publication de cette Charte nécessaire. La saturnale antique ne durait qu'un jour. Espérons encore que le réveil du maître suffira pour mettre fin à la saturnale moderne.

5 Septembre 1873.

INTRODUCTION.

Le 25 mai 1870, quinze jours après le fatal plébiscite qui nous a coûté si cher, je résumais ainsi, dans le prospectus d'un journal intitulé : Quatre-vingt-neuf, les principes incontestés de notre Droit public, que la Constitution impériale elle-même *confirmait* et *garantissait*, et qu'il y avait urgence de faire triompher dans la pratique, si nous ne voulions pas rouler jusqu'au fond de l'abîme où nous poussait le plus aveugle et le plus démolisseur des gouvernements :

« La liberté de la presse, comme en Autriche, sans timbre, sans entrave policière et sans délits de convention. » — Je n'aurais pas osé ajouter : « Sans conseils de guerre et sans peine de mort. » La prévision aurait paru monstrueuse, même aux yeux des plus implacables ennemis de l'Empire.

« La liberté communale et départementale, comme en Belgique, sans aucune intervention de l'État, seule décentralisation qui ne soit pas une duperie (1). »

(1) Je n'ignore pas que la Constitution Belge donne au roi la nomination des maires. Mais ce n'est qu'une formalité adoptée en 1831, pour empêcher le parti Orangiste, en majorité à Gand, de détacher cette ville du faisceau national, par l'initiative de son bourgmestre. En fait, le roi consacre les élus de l'opinion, et c'est là son mérite. M. Anspach, l'adversaire le plus résolu du cléricalisme, a été confirmé l'année dernière dans ses fonctions de bourgmestre de Bruxelles par le cabinet clérical de M. Malou, quoique son attitude et celle de la ville eussent

« L'inviolabilité du citoyen et de son domicile, comme en Angleterre, sauf dans les cas de crimes définis par la loi. »

« L'abolition de la conscription et de l'inscription maritime. La carrière militaire libre comme le sont toutes les autres, et la nation entière armée pour sa défense, comme en Suisse. »

« La liberté de réunion et d'association, comme partout, excepté en France, la terre de 89. »

Et j'ajoutais :

« L'égalité devant la justice gratuite, par l'abrogation de l'article 75 et la suppression de tous les frais de timbre et d'enregistrement, et de toutes les formalités ruineuses qui font du principe de la gratuité un odieux mensonge. »

« Le pouvoir judiciaire indépendant, se recrutant lui-même sur la présentation des conseils électifs. »

« Le pouvoir constituant restitué a la représentation nationale, aussi bien que le droit de déclarer la guerre et de changer les conditions économiques du pays. »

« Le pouvoir exécutif ramené aux attributions et à l'appareil d'une simple magistrature civile, et l'administration comme la police réduites à leurs seules fonctions légitimes : le maintien de l'ordre matériel et la protection des honnêtes gens contre les malfaiteurs. »

« Et pour garantir le respect de ces droits et de ces formes essentielles de toute démocratie, la responsabilité ministérielle et

---

renversé, quelques mois auparavant, le cabinet clérical de M. d'Anéthan. Le droit traditionnel de la Belgique, c'est l'indépendance de la commune et de la province dans les affaires communales et provinciales ; et le privilége royal qui déroge à ce principe aurait depuis longtemps disparu du pacte fondamental, si les deux partis qui se disputent le pouvoir ne craignaient pas également de toucher à leur arche sainte, dont l'ébranlement pourrait amener d'autres réformes plus radicales.

C'est, du reste, à l'indépendance communale que la dynastie des Léopold est redevable de n'avoir pas été emportée dans les troubles que le cléricalisme a plusieurs fois suscités dans le pays. Si, notamment au mois de novembre 1871, M. Anspach n'avait pas maintenu son droit de ne confier qu'à la garde civique et à la police municipale de Bruxelles la protection de l'ordre, l'émotion provoquée par une nomination scandaleuse du ministère d'Anéthan, moins scandaleuse cependant que celle de M. Pascal, serait devenue une révolution. Et si nous avions joui en France, depuis 1830, des institutions belges *loyalement appliquées*, et par conséquent avec d'autres hommes que les Duchâtel et les Guizot, il n'y aurait eu ni explosion de 1848, ni coup d'État, ni complications extérieures, ni guerre de races, et on ne se demanderait pas aujourd'hui si nous sombrerons demain, sous les coups de la conspiration la plus insensée et la plus cynique qui ait jamais menacé l'existence d'un peuple civilisé.

ADMINISTRATIVE à tous les degrés rendue effective par une loi sévère, atteignant toutes les prévarications des agents de l'autorité et tous les abus de la force. »

Il n'y avait là, comme on le voit, ni phrases creuses de rhéteur, ni théorie anarchique de clubiste, ni appel à la violence brutale des passions et des appétits. Je repoussais, au contraire, dans le même exposé, toute solidarité avec les doctrines funestes du matérialisme et du communisme, qui s'étaient étalées avec tant d'impudence dans les réunions publiques de 1869. Je ne revendiquais que le droit rigoureux de la souveraineté nationale, dont le trop facile abandon allait nous entraîner dans d'irréparables malheurs. Ce n'était pas un programme de révolution, c'était un programme de stabilité définitive et d'administration rationnelle, consacré déjà par l'expérience décisive des États libres, et qui ne pouvait rencontrer pour adversaires que les insatiables vampires de la fortune publique, séides naturels de tous les pouvoirs sans contrôle et sans frein.

Formulée sous l'Empire, au lendemain des 7 millions de *oui* qui venaient de rajeunir son prestige extérieur, une telle revendication pouvait paraître hardie. Elle empruntait, au contraire, à cette circonstance la plus douloureuse opportunité. Depuis longtemps, d'ailleurs, la question était mûre. 1848 et 1851 avaient appris aux plus fanatiques d'autorité ce que valent les principes, le droit, la justice et les intérêts les plus précieux d'un pays en dehors des institutions qui les protégent. Le *self government* ne se discutait plus, du moins dans les régions loyales où la politique n'est pas une curée. A l'exemple de Tocqueville et d'Augustin Thierry, M. Raudot aussi bien que M. Jules Simon, le comité de Nancy et l'école radicale, tous les partis comme tous les esprits droits, n'attendaient le salut que de son application. Les déclarations explicites des candidats de 1869 contenaient l'engagement formel de le réaliser au premier triomphe. C'était dans cet accord unanime des représentants de l'avenir que gisait notre dernier espoir, en face d'un redoutable inconnu. Toute la génération honnête à laquelle j'appartiens, pour qui aucune issue n'était ouverte dans le régime légal créé par le 18 brumaire, n'aspirait qu'à cette terre promise de la liberté constitutionnelle. Et personne n'aurait osé imaginer que si une révolution quelconque renversait en une heure de colère le misérable échafaudage du 2 Décembre, cette révolution, plus décevante et plus odieusement stérile que celle de 48, n'aboutirait qu'à nous imposer, sous le titre imposteur de République, une tyrannie ignorée de nos pères, que le moyen âge lui-même aurait vomie.

La guerre éclata. Des désastres inattendus et foudroyants précipitèrent un dénoûment que n'avaient pas entrevu les stupides oracles du fétichisme napoléonien. Le pays, ébranlé jusque dans ses fondements, et sacrifié par ses sauveurs officiels, se crut du moins redevenu le maître de ses destinées. La catastrophe où sombrait l'Empire était elle-même la plus terrible condamnation du système entier qu'il représentait. Il n'y avait qu'à vouloir pour l'effacer d'un trait de plume. Le sentiment public poussait aux mesures décisives, et la justice vulgaire exigeait qu'on fît table rase des hommes et des choses d'un passé maudit. C'était une de ces occasions divines de se relever d'un bond qu'une génération ne retrouve plus. Aucun conseil n'avait manqué sous ce rapport aux bénéficiaires du 4 Septembre. Leur autorité sans base ne pouvait se légitimer que par une large satisfaction donnée aux vœux de l'opinion. Dix hommes pris au hasard dans la foule confiante qui les acclamait, auraient accompli en une heure cette œuvre de réparation et de sagesse ; car les murailles parlaient toutes seules (1), et la volonté nationale, affranchie de la main de fer qui la comprimait, ne demandait plus cette fois des discours, mais des actes.

Je n'avais été moi-même que l'écho fidèle de ses exigences en traçant ainsi, quinze jours avant l'événement, dans une brochure imprimée à Bruxelles, mais répandue à Paris, les devoirs impérieux du nouveau provisoire qui allait surgir :

« La déchéance de l'Empereur et sa mise en accusation.

« La suppression de cet hôpital de pestiférés et de ce Conservatoire de servilisme qu'on appelle le Sénat.

« L'annulation de toutes les élections législatives de 1869, entachées du vice de la candidature officielle, et l'appel à des élections plus sincères pour compléter l'assemblée nationale.

« L'amnistie générale et l'élargissement de M. Henri Rochefort, le premier auteur du réveil de l'esprit public et le député inviolable de la première circonscription de Paris.

« La déclaration de l'autonomie acquise à la commune et au département et du droit de nomination des maires par les conseils municipaux.

« La presse affranchie de toute entrave fiscale, avec la juridiction du jury, seul moyen de faire pénétrer la vérité et le sens moral dans les masses.

(1) Le premier dessin affiché sur les murs de Paris représentait Napoléon III en tenue de forçat, le bonnet vert sur la tête et le boulet aux pieds. N'était-ce pas dire que ses complices ne pouvaient rester impunis ?

« Le remplacement immédiat des commissions municipales de Paris et de Lyon par des administrations élues.

« L'abolition de la conscription après la guerre, pour que le pays et le monde civilisé sachent bien que cette guerre impie sera la dernière.

« Enfin, la constitution d'un gouvernement provisoire, choisi dans l'opposition de principes, qui aura la mission de décréter la victoire, de traiter de la paix, de présider à notre organisation future, et de nous donner toutes les garanties sérieuses de liberté que nous n'avons jamais possédées depuis 1789 (1). »

Une défaillance inouïe des caractères, compliquée de parjures et de trahisons sans précédents, a fait avorter ce plan naturel d'une révolution vengeresse qui pouvait changer la face du monde. Il ne fallait que cinq justes pour sauver à la fois la patrie en péril et la civilisation épouvantée ; ces cinq justes ne se sont pas rencontrés. Je me trompe ; ils étaient partout, excepté dans le conseil des Dix, où allait s'introniser la dictature de l'impuissance. Ces hommes qui avaient combattu vingt ans la dictature d'un autre ne savaient rien de la liberté positive. Ils arrivaient au pouvoir sans programme, sans résolutions définies, sans aucune des grandes pensées qui viennent du cœur, et dont tous les cœurs étaient pleins. Ils semblaient n'avoir vu dans la République qu'une alluvion nouvelle de fonctionnaires à superposer à celle de l'Empire. Ils n'avaient pas même la prévision banale du retour inévitable du Césarisme, si ses instruments et son mécanisme n'étaient pas brisés. La France attendait d'eux une seconde nuit du 4 Août, et le réveil de la légalité primitive assassinée par des bandits ; ils n'ont su que lui préparer les nuits de deuil de la capitulation et de la Commune. Et si nous sommes aujourd'hui, pieds et poings liés, à la merci d'une sédition de palais ou de caserne, si notre héroïsme, notre dévouement, nos cinq milliards, si spontanément offerts pour réparer des fautes qui n'étaient pas les nôtres, n'ont été récompensés jusqu'ici que par des chaînes plus lourdes et par une servitude plus abrutissante, c'est à leur scepticisme d'école et à leur égoïste domination que nous le devons. C'est en violant le mandat le plus impératif et le plus sacré qu'ils nous ont conduits jusqu'au seuil de cette enfer du poëte, « où se laisse toute espérance. »

Il leur suffisait, en effet, d'être des honnêtes gens et de se souvenir de leurs propres promesses, pour nous éviter à la fois toutes

(1) *Déchéance et liberté*, in-8, 20 août 1870. — Pages 10 et 11.

les douleurs et toutes les hontes qui ont fait de 1871 l'année la plus abominable de notre histoire. La seule convocation, au lendemain du 4 Septembre, de la municipalité élue de Paris coupait court aux agitations dont la Commune est devenue le drapeau, et nous assurait, en même temps, la victoire suprême. Cette convocation donnait à la population parisienne une tribune, un point d'appui, la force légale qui a manqué à son patriotisme. Elle enlevait dès lors aux généraux routiniers et aux comités inertes leur ténébreuse influence, surexcitait l'initiative privée au lieu de l'étouffer, introduisait la vie, l'inspiration, le souffle populaire, aussi bien que le contrôle et la responsabilité, dans une administration occulte dont l'incapacité n'a été égalée que par son infatuation, et rendait au gouvernement lui-même l'immense service de le débarrasser à temps de ses Trochus de robe et d'épée. C'en était assez pour changer les destinées du pays.

La province, il est vrai, qui se souvenait des commissaires de 1848 et des clubs désordonnés de 1869, avait d'abord accueilli la révolution avec plus de défiance que d'enthousiasme. Mais quelle plus belle occasion de la gagner sans retour à la République, que de l'affranchir enfin de ses deux fléaux étrangers, le militarisme et le proconsulat, et de lui envoyer, pour unique mot d'ordre et unique appel à ses vertus civiques, ce qui soulève les morts dans leurs tombeaux : la liberté ! En proclamant l'abolition de la conscription, on remuait la masse campagnarde jusque dans ses fibres les plus profondes. En y ajoutant l'autonomie communale et départementale, et l'élection immédiate de nouveaux conseils généraux, qui auraient eux-mêmes choisi leurs préfets, on rattachait à la nouvelle institution tous les intérêts comme toutes les opinions. La France alors, la France entière se levait comme un seul homme. Il n'y avait plus de partis dans l'opposition, parce qu'il n'y en avait plus dans le gouvernement. Villes et villages, redevenus libres, redevenaient patriotes. La défense nationale, maîtresse d'elle-même, n'étant plus trahie à chaque pas par des combinaisons où la politique, le machiavélisme et même la débauche jouaient un rôle infernal, s'organisait de la seule manière qui pût rendre inutile la tactique prussienne. Elle couvrait notre sol de guérillas invisibles, peuplait les haies et buissons de justiciers muets, supprimait les courriers et les convois, frappait les têtes les plus hautes de coups mystérieux, semait ainsi l'épouvante et la mort dans les rangs divisés de l'invasion, et fermait peut-être à Guillaume de Hohenzollern la route de Berlin, aux applaudissements de toute l'Europe, enfin délivrée de son cauchemar.

Quelle grandeur nouvelle ! quelle explosion de jeunesse morale et de renaissance universelle n'aurait pas été le résultat de ce triomphe du droit! Notre siècle pouvait murer le temple de Janus. L'ère de la paix des peuples commençait avec le châtiment des ravageurs couronnés, et le prosélytisme de notre génie remplaçait désormais les funestes conquêtes de nos armes. C'eût été, dans le monde charmé, un apaisement et un désarmement général; c'eût été pour la République elle-même la plus magnifique des consécrations.

Nos maîtres d'un jour ne l'ont pas voulu....... Et, depuis, des torrents de sang ont été ajoutés aux hécatombes d'une guerre de sauvages, dans l'unique but de maintenir ce qué le 4 Septembre devait balayer! Et l'avenir est si sombre, la crise politique et sociale si intense, qu'on peut se demander aujourd'hui si nous vivrons demain. Et tout cela, il faut l'écrire en lettres de feu dans l'enceinte même de l'Assemblée nationale, parce que nos institutions et nos lois, véritable camisole de force imposée au peuple le plus digne de la liberté, ne lui ont jamais permis de faire prévaloir les conseils de sa raison et de son inépuisable moralité sur l'incurable aveuglement et l'inépuisable folie de ses gouvernants.

Je suis de ceux, plus nombreux qu'on ne pense, qui ne se consoleront jamais de cet écroulement universel, et qui ont juré le serment d'Annibal contre toute l'organisation cause de tant de ruines. Quelle que fût la décadence de notre race, je sentais en elle le ressort souverain. Ses vices et ses aberrations n'appartiennent qu'à ses détracteurs; ils auront disparu le jour où une classe essentiellement dépravée ne lui imposera plus le poison de ses maximes et le scandale de ses turpitudes. Mais son travail obstiné, ses prodiges d'épargne et sa robuste patience ne méritent que l'admiration et le respect. Elle étonnerait le monde par son esprit de justice, aussi bien que par sa puissance d'initiative, si elle possédait les libertés essentielles qui sont le patrimoine même des peuples barbares. Dieu veuille qu'on ne l'oblige pas, par une dernière et inqualifiable provocation, à étonner le monde par d'autres exemples!

« Ceci mérite qu'on y songe, disait Alexis de Tocqueville
« en 1835 : s'il venait jamais à se fonder une République démo-
« cratique comme celle des Etats-Unis dans un pays où le pou-
« voir d'un seul aurait déjà établi et fait passer dans les habitudes
« comme dans les lois la centralisation administrative, je ne crains
« pas de le dire, dans une semblable République, le despotisme
« deviendrait plus intolérable que dans aucune monarchie de

« l'Europe. Il faudrait passer en Asie pour trouver quelque chose
« de semblable. » Ce terrible pronostic s'est réalisé. Il a même
été dépassé dans ses plus monstrueuses conséquences ; car le loyal
écrivain n'avait pu prévoir ni l'état de siége en permanence, ni les
conseils de guerre juges suprêmes de la pensée, ni le titre de républicain devenu criminel sous une République, ni le fanatisme d'une
poignée de sectaires rallumant les torches de la guerre civile.
« Ceci mérite qu'on y songe. » Il est grand temps que chacun ap-
porte son concours à la destruction complète de la nouvelle Bastille. J'ai essayé d'écrire la Charte de notre délivrance. Que le pays
maintenant fasse le reste !

LA CONSTITUTION NÉCESSAIRE

En présence de Dieu et au nom du peuple français (1),

L'Assemblée Nationale Constituante,

Obéissant au mandat qu'elle a reçu de ramener aux principes éternels du droit et de la justice les institutions fondamentales et l'organisation administrative de la France libre, et de fermer l'ère des révolutions par la satisfaction immédiate et complète de tous les intérêts légitimes,

Décrète la Constitution suivante, qui deviendra la Charte souveraine du pays, aussitôt qu'elle aura été ratifiée par la majorité des Conseils généraux des départements.

______

(1) La Constitution Suisse dit simplement : *Au nom du Dieu tout-puissant.* Les peuples libres ne séparent pas l'humanité de son auteur et l'ordre moral de sa sanction supérieure. L'athéisme n'est qu'une réaction légitime, mais excessive, contre les superstitions et les fourberies traditionnelles du cléricalisme, et contre l'abus du nom de Dieu pour la glorification des attentats et des manœuvres les plus exécrables. Il ne peut être une doctrine sérieuse. Il ne peut être surtout un dogme national. « Dieu est aussi nécessaire au peuple Français que la liberté, » disait Mirabeau. C'est de la paternité divine que découle la fraternité humaine. Nos mœurs comme nos lois ont plus besoin que jamais de ce sentiment, qui résume toute la religion des grands cœurs. La science elle-même serait stérile si elle ne s'imprégnait pas de cet esprit chrétien, pris dans son sens philosophique, ne fût-ce que pour concilier, par des concessions mutuelles, l'antagonisme du capital et du travail, si redoutable pour l'avenir.

TITRE PREMIER.

Dispositions générales.

Article 1er. — Le peuple français, dans le but de sauvegarder l'intégrité de ses libertés individuelles et l'exercice régulier et continu de sa souveraineté collective, adopte, pour la distribution et la compétence de ses pouvoirs publics, la forme représentative républicaine, telle qu'elle est définie et spécifiée dans la présente Constitution.

Art. 2. — La souveraineté nationale, source unique de tous les pouvoirs, a pour bases indestructibles et pour condition de la légitimité de ses actes :

L'inviolabilité du citoyen et de son domicile, sauf dans les cas de crime prévus par la loi pénale.

La liberté de penser et d'exprimer sa pensée par tous les moyens à sa disposition (1).

La liberté de réunion et d'association, sans autres limites que celles exigées par l'ordre matériel et par le respect de la liberté d'autrui et de la morale publique.

L'indépendance administrative de tous les groupes locaux, communes et départements, dont la réunion constitue la nation française.

Art. 3. — La souveraineté nationale est inaliénable. Les droits et les libertés primordiales dont elle est l'expression collective ne se délèguent pas.

Ses représentants officiels ne sont que des mandataires spéciaux, investis d'une fonction déterminée et limitée, et toujours soumis à son contrôle.

---

(1) Armand Carrel, le républicain conservateur, écrivait, il y a 40 ans (en 1833), à Chateaubriand, le légitimiste :

« Je me demande souvent avec tristesse à quoi auront servi des écrits tels que les vôtres, Monsieur, tels que ceux des hommes les plus éminents de l'opinion à laquelle j'appartiens moi-même, si, de cet accord des plus hautes intelligences du pays dans la constante défense du droit de discussion, il n'était pas résulté enfin, pour la masse des esprits en France, un parti désormais pris de vouloir sous tous les régimes, d'exiger de tous les systèmes victorieux, quels qu'ils soient, la liberté de penser, de parler et d'écrire comme condition première de toute autorité légitimement exercée. » (Le Congrès de Vérone, 2e vol.)

Toute usurpation de cette souveraineté et toute extension arbitraire du mandat représentatif, tendant à fausser ou à désavouer la volonté générale, est un crime de haute trahison (1).

ART. 4. — La souveraineté nationale s'exerce collectivement par l'intermédiaire de trois pouvoirs indépendants les uns des autres, le pouvoir législatif, le pouvoir exécutif et le pouvoir judiciaire; tous les trois issus, directement ou indirectement, du suffrage universel, et responsables civilement et criminellement de leur mandat.

ART. 5. — La volonté générale s'exprime par la loi, librement votée par le pouvoir législatif, dans les formes que prescrit la présente Constitution, et sous la réserve absolue des libertés antérieures et supérieures qu'elle consacre.

ART. 6. — La loi n'a pas d'effet rétroactif.

N'est pas considérée comme effet rétroactif l'application de la loi pénale en vigueur aux actes restés impunis par suite de leur caractère politique.

ART. 7. — Tous les Français sont égaux devant la loi et devant les dépositaires de l'autorité publique.

La loi ne reconnaît, ni titre de noblesse, ni privilége de naissance ou de position sociale, ni dénomination honorifique autre que celle de la fonction qu'on exerce en vertu d'un mandat régulier émané d'un pouvoir national.

Tout titre, toute autorité civile ou religieuse et toute dénomination honorifique provenant d'un pouvoir étranger sont nuls et non avenus.

ART. 8. — La loi n'admet ni vœux religieux, ni caractère indélébile, ni engagements irrévocables, ni principes contraires au droit naturel.

Le titre VI du Code civil, décrété le 21 mars 1803, est rétabli. La faculté du divorce est imprescriptible.

ART. 9. — La loi est la même pour tous : elle ne régit que des citoyens, et aucun citoyen ne doit être distrait de ses juges naturels.

Il ne peut être créé de commissions et de tribunaux extraordinaires à quelque titre et sous quelque dénomination que ce soit (2).

(1) Le crime de haute trahison est puni de mort par toutes les législations du monde.

(2) Art. 4 de la Constitution de 1848.

La juridiction des conseils de guerre est abolie. Le code militaire, ramené à ses principes essentiels, ne sera appliqué qu'aux troupes sous les armes et devant l'ennemi.

Le Conseil d'État et les conseils de préfecture sont supprimés (1).

ART. 10. — Les affaires contentieuses sont du ressort des tribunaux, qui les jugent d'urgence, sauf dans les cas prévus par l'article 83. La Haute Cour de justice prononce sur les conflits d'attributions.

ART. 11. — La loi ne peut ni autoriser l'arbitraire (2), ni favoriser un culte particulier, ni créer des pouvoirs extraordinaires, ni admettre dans l'administration publique des maximes et des procédés que condamne la loi pénale chez les simples particuliers, ni violer à aucun degré les principes éternels de la morale publique.

ART. 12. — L'action de la loi, qui seule protége la civilisation contre la barbarie, ne peut être suspendue sous aucun prétexte.

L'état de siége est aboli à jamais; aucune loi de circonstance et aucune autorité ne peuvent l'imposer, même en temps de guerre.

---

(1) C'est la France napoléonienne qui a introduit en Europe le droit administratif et les tribunaux qui l'appliquent. Mais les autres nations ont bien vite senti qu'il n'y avait au fond de ce droit qu'un privilége inique et autocratique, c'est-à-dire la négation même du droit ; et elles l'ont toutes repoussé comme incompatible avec la justice, la liberté et même la propriété.

La Constitution Belge porte, art. 92 : « Les contestations qui ont pour objet des droits civils sont exclusivement du ressort des tribunaux. Les contestations qui ont pour objet des droits politiques sont du ressort des tribunaux, sauf les exceptions établies par la loi. » Or, ces exceptions réduisent le contentieux administratif aux difficultés résultant des élections, de la comptabilité publique, des contributions directes, du recrutement militaire et du service de la garde civique, difficultés qui sont soumises aux députations permanentes de conseils provinciaux. Le principe adopté par la Belgique est d'ailleurs le droit commun de toutes les monarchies constitutionnelles de l'Europe. L'Italie, qui avait imité d'abord notre organisation, a supprimé sa justice administrative en 1869. L'Espagne, la Grèce, le Wurtemberg, le Danemarck, ne reconnaissent qu'une loi et qu'un tribunal, pour les pouvoirs comme pour les simples citoyens. Quant à l'Angleterre, elle subordonne logiquement tous les pouvoirs au pouvoir judiciaire. « C'est dans l'autorité judiciaire, dit M. Gustave de Beaumont, que réside la suprême puissance exécutive. Elle est la fin de tous les pouvoirs. » Le même système gouverne les États-Unis, et c'est le seul qui ne rende pas illusoire la responsabilité des agents de l'autorité. C'est aussi celui que j'ai adopté dans toute son inflexible logique.

(2) Dans presque toutes nos lois, il y a un art. 14 qui autorise leur suspension par le pouvoir exécutif dans des circonstances dont il est le seul juge. A quoi bon faire des lois destinées à nous garantir contre l'arbitraire, si nous donnons au bon plaisir la faculté légale de les violer ?

Toute tentative pour l'établir sur un point quelconque du territoire est un crime de haute trahison.

Art. 13. — Tous les Français doivent participer aux charges publiques dans la mesure des services qu'ils reçoivent de la société, et proportionnellement aux bénéfices dont elle leur assure la possession.

Ils ne peuvent être forcés de payer des dépenses inutiles; encore moins des dépenses attentatoires à leur liberté ou à leurs intérêts.

Le trésor public ne doit percevoir que le montant des impôts nécessaires à l'administration générale du pays (1).

Art. 14. — Aucun impôt général ne peut être établi ou perçu qu'en vertu d'une loi.

La loi fiscale ne peut atteindre que des produits réalisés et extérieurs. Elle ne reconnaît à l'État aucun privilége de recouvrement.

Toute loi qui frappe les instruments du travail individuel, les matières premières de l'industrie et les besoins naturels de l'homme et de la famille, ou qui ne peut être appliquée que par la

---

(1) La solution des difficultés de notre situation financière ne consiste pas à créer de nouveaux impôts, tous aussi iniques que dangereux, mais à supprimer résolûment un milliard de dépenses. Le principe de l'impôt civilisé, qui ne veut ni tuer la poule aux œufs d'or, ni encourager la délation et la fraude, ni soumettre la nation entière à la plus révoltante inquisition, ni se dévorer lui-même en frais de perception, est d'être *volontaire*, *proportionnel* et *extérieur*. La taxe postale en est le type presque parfait. Le droit sur les quittances, créé par la loi du 23 août 1871, s'en rapprocherait beaucoup s'il était proportionnel; et ces deux seuls impôts, si simples et d'une perception si facile, produiraient plus d'un *milliard* dans une société libre, obligée d'être honnête.

Toute l'Amérique espagnole pourvoit à ses services publics et entreprend des travaux énormes, relativement plus considérables que les nôtres, avec le seul produit d'un droit d'importation de 15 à 20 p. 100, qui n'exige presque aucuns frais de recouvrement et qui ne frappe que les bénéfices largement rémunérateurs du commerce, sur la simple production des factures.

Pour nous qui avons doté ces heureuses régions des principes qui les fécondent, nous sommes restés, en fait de fiscalité comme en fait de libertés politiques, le dernier des peuples civilisés. Il n'y a pas un seul de nos impôts, la poste et ses similaires exceptés, qui supporte l'examen. Ils peuvent tous être classés parmi les exactions barbaresques, et ceux qu'on nous prépare avec tant de sécurité dans les régions officielles nous amèneront, avant deux ans, à un nouvel emprunt pour combler leurs déficit.

Quant à l'impôt sur le revenu, dont la fixation impartiale suppose un contrôle mutuel, il est essentiellement municipal. C'est la compensation naturelle de la suppression des octrois. L'État n'en ferait qu'une oppression nouvelle, plus intolérable que toutes les autres.

violation du domicile des citoyens ou par la délation encouragée, est nulle et non avenue.

Art. 15. — L'organisation politique du pays comprend cinq degrés d'administrations superposées, soumises à la loi commune, mais toutes investies de la personnalité civile et également indépendantes dans le cercle de leurs intérêts respectifs : la commune, le canton, le département, la province et l'État.

L'arrondissement n'est maintenu que comme division judiciaire et militaire.

Les conseils d'arrondissement et les sous-préfectures sont supprimés.

Art. 16. — L'Algérie fait partie du territoire national. Elle est régie par la loi française.

L'autorité militaire n'y exerce d'autres fonctions que celles de protéger ses frontières et d'occuper les forts et les places d'armes jugés nécessaires à sa défense.

Toutes les servitudes militaires qui gênent l'extension des villes du littoral et de la zone du Tell sont abolies.

La division des trois provinces en territoire civil et en territoire militaire est annulée. Les trois départements d'Alger, d'Oran et de Constantine se partageront provisoirement toute la région du Tell. De nouveaux départements seront créés par la loi quand l'extension de la colonisation l'exigera.

Art. 17. — Les colonies s'administrent elles-mêmes, sous la protection d'un gouverneur exclusivement chargé de leur défense et des intérêts généraux de la mère patrie.

Elles sont soumises à la loi commune et pourvoient à leurs dépenses locales.

Elles seront représentées au Sénat et à la Chambre des députés, au prorata de leur population, à raison d'un sénateur et d'un député par cent mille habitants.

Art. 18. — Le territoire de la République, l'Algérie comprise, est divisé en 16 provinces dans lesquelles sont répartis ses 92 départements, conformément au tableau annexé à la présente Constitution (1).

---

(1) Cette distribution en provinces a été faite de manière à donner à chaque gouvernement un territoire compacte, représentant en moyenne deux millions et demi d'habitants, et à rappeler autant que possible les anciennes autonomies provinciales dont les parlements ont été le dernier refuge de la dignité et de la liberté du pays sous l'ancien régime. Voir le tableau à la page 58.

Les gouverneurs de province sont les seuls représentants politiques du pouvoir central.

Cette répartition des départements peut être modifiée par la loi, sur la demande des départements intéressés, en vue de constituer une province plus homogène.

Art. 19. — Les 92 départements de France et d'Algérie qui formaient, le 4 septembre 1870, le territoire de la République, occupés ou non par l'étranger, restent partie intégrante de ce territoire, et sont déclarés inaliénables sans le consentement formel, régulièrement et librement exprimé, de leurs populations (1).

Art. 20. — La République s'interdit toute guerre offensive : aucun pouvoir n'a le droit de la déclarer, aucun emprunt ne peut être contracté pour la soutenir.

Tout Français qui prêtera son concours personnel à une cause étrangère restera passible, devant les tribunaux français, des crimes de droit commun auxquels il aura participé (2).

Art. 21. — L'invasion du territoire national par une troupe armée, avec ou sans déclaration de guerre préalable, est considérée comme un acte de brigandage autorisant l'exécution sommaire de tous les chefs qui y auront pris part, et l'emploi légitime de tous les moyens de destruction à la disposition des simples particuliers aussi bien que de la force publique (3).

Des lettres de marque pourront être délivrées contre la nation aggressive, sous la seule réserve du respect des propriétés privées (4). La dénonciation nécessaire sera faite aux États signataires du Traité de Paris.

(1) Cet article ne crée pas un droit nouveau. Il ne fait que rappeler un principe reconnu par les siècles de barbarie et proclamé même par les despotes, celui de l'inaliénabilité du sol et de ses habitants. La Pragmatique Sanction de Charles-Quint décrétait en 1549, comme loi fondamentale, que les États de l'Empire ne pouvaient jamais être ni séparés ni démembrés. L'*Union d'Utrech*, la grande Charte du xvie siècle qui a constitué les Provinces-Unies, déclarait que « lesdites provinces resteraient « unies à jamais, sans pouvoir être séparées par testament, donation, *ces-* « *sion*, changement, vente, *traité de paix* et de mariage et choses sem « blables. » Sommes-nous donc descendus si bas que nous ne puissions maintenir un principe de droit public reconnu même par le moyen âge ?

(2) La loi ne peut notamment considérer les enrôlements dans les bandes carlistes que comme des affiliations de banditisme.

(3) Dans un temps où les armées permanentes semblent n'avoir d'autre mission que de légaliser la plus effroyable barbarie, il n'y a plus d'autre répression possible que celle de la conscience publique et du droit naturel.

(4) Section VIII de la Constitution des États-Unis.

Art. 22. — La République n'a pas le droit d'entretenir une armée permanente (1). Aucun citoyen et aucune classe de la population ne peuvent être privés, sous le prétexte du service de l'État, du droit qui leur appartient de choisir et de suivre librement leur carrière.

Le recrutement forcé et l'inscription maritime sont abolis.

Toute tentative de rétablissement de la conscription est un crime de haute trahison (2).

Art. 23. — La loi de finances fixera chaque année le contingent de la gendarmerie jugé nécessaire pour assurer le maintien de l'ordre intérieur et le cours régulier de la justice.

Une loi militaire déterminera la composition des corps spéciaux que réclament la garde des places fortes et les services maritimes et coloniaux.

Gendarmerie et corps spéciaux ne seront formés que de volontaires.

Art. 24. — La Dette publique est placée sous la sauvegarde de l'honneur national.

Tous les excédants des recettes sur les dépenses seront appliqués à son extinction.

Tous les engagements pris par l'État avec la ratification du pouvoir législatif sont inviolables, à moins qu'ils ne soient entachés de corruption ou qu'ils n'aient été obtenus par des moyens frauduleux.

Le Grand-Livre de la Dette publique est fermé. Il ne peut plus être contracté d'emprunt par l'État.

Art. 25. — Les récompenses nationales ne sont décernées qu'au nom du pays et par les représentants élus du pays, pour des actes de grandeur morale, ou pour des inventions et des créations d'utilité publique.

Elles ne sont méritées par des faits de guerre que lorsque ces faits de guerre sont eux-mêmes des actes de dévouement.

Le pouvoir législatif est le seul juge de la distribution de ces récompenses, qui ne peuvent être sollicitées sous peine d'indignité.

---

(1) Art. 13 de la Constitution Suisse.

(2) La Charte de 1830 avait déjà dit : « Art. 11 : La Conscription est abolie. » Mais elle n'avait édicté aucune peine contre cette « traite des blancs, » le plus odieux attentat de nos pouvoirs publics depuis le premier Empire. Tous nos malheurs sont sortis de cette iniquité persistante, qui a remplacé l'école et la famille par la caserne et le lupanar.

Cependant les Conseils généraux pourront en décerner, au nom de leurs départements, aux citoyens qui auront rendu des services signalés à ces départements ou à la province à laquelle ils appartiennent.

TITRE II.

Garanties des libertés nationales.

Art. 26. — L'organisation politique n'ayant pour objet que d'assurer l'entière liberté d'action et la part de souveraineté de chaque citoyen, dans les limites fixées par la loi, nul n'est tenu d'obéir qu'à la loi.

La résistance, même par la force, à un acte arbitraire de l'autorité, est de droit strict, quelles qu'en puissent être les conséquences.

Art. 27. — Tout citoyen a le droit de garder et de porter des armes, et de se défendre contre les agressions dont il est l'objet.

Art. 28. — La propriété est inviolable et sacrée (1). Nul ne peut en être privé qu'en vertu d'un jugement des tribunaux ou par une expropriation légale pour cause d'utilité publique, et moyennant une juste et préalable indemnité.

Le droit d'expropriation n'appartient qu'à l'État, aux départe-

(1) S'il y avait une formule plus solennelle et plus explicite pour garantir la propriété légitimement acquise, je l'aurais adoptée. Le socialisme révolutionnaire est la robe de Nessus de la République. Maudit soit le niveleur qui, après nos dernières épreuves, osera demander encore, pour la classe ouvrière, autre chose que la liberté et le droit commun. La solution d'ailleurs de l'extinction de la misère ne dépend ni des systèmes ni des lois. Elle gît tout entière dans l'utilisation de toutes les aptitudes par l'action fécondante d'un milieu d'instruction et de liberté, et dans la fraternité spontanée qui résulte d'un état social où les vieilles démarcations de caste, d'intolérance et de préventions réciproques ont complétement disparu. C'est grâce à la contagion de cette fraternité que le siége de Paris a vu toutes les bourses s'ouvrir et tous les rangs se confondre dans un même sentiment de patriotisme et de solidarité. C'est grâce à ses inspirations que la grande solution de la participation aux bénéfices, devenue le fait général de l'industrie, éteindra un jour, si nous sommes libres, le terrible antagonisme du capital et du travail, source de toutes les complications sociales qui nous assiégent.

ments et aux communes. Ils ne peuvent en user que dans un intérêt public exclusivement civil ou de défense nationale.

La propriété collective n'existe qu'en vertu d'un acte de l'autorité compétente. Elle n'est reconnue qu'en faveur des aggloméra-
tions naturelles et permanentes, et des associations commerciales
ou de celles fondées dans un but d'utilité publique régulièrement
constaté.

Les corporations et les associations religieuses ne peuvent pos-
séder des biens fonciers (1).

(1) Nous touchons ici à la question la plus délicate, la plus controver-
sée et la plus redoutable de notre époque, le *modus vivendi* de la société
religieuse et de la société civile. M. de Cavour avait cru le trouver dans
la formule célèbre : *l'Église libre dans l'État libre.* C'était une illusion gé-
néreuse dont il serait bien vite revenu s'il avait vécu. L'expérience a
prouvé, et elle prouve tous les jours avec plus d'évidence, que l'Église
libre ne laisse plus l'État libre. Il y a dans l'organisation et dans l'esprit
de l'Église une insurrection permanente tendant à la fois à la subordina-
tion de l'autorité civile et à l'absorption de la propriété et de la conscience sociale par une force mystérieuse qui s'appuie sur toutes les infir-
mités et les dégradations de la nature humaine pour se mettre au-dessus
des lois. Aux États-Unis, où le catholicisme ultramontain ne représente
cependant qu'une minorité, il a déjà accaparé pour *cinq milliards* de
biens meubles et immeubles, et les hommes clairvoyants sont épouvantés
des dangers dont il menace la société civile et ses libres institutions.

Les mêmes dangers viennent de se révéler en Angleterre, où les hautes
classes sont travaillées et presque gagnées par le double attrait, si puis-
sant sur les femmes désœuvrées, de la pompe théâtrale des cérémonies
catholiques et des intimités malsaines du confessionnal. Déjà toutes les
lois anglaises ont été violées par l'établissement de 200 couvents de
femmes et de 70 monastères d'hommes, qui étalent insolemment le luxe
de leurs propriétés dans un pays où leur existence seule est « un crime. »
Le mal est si grand que la question a été portée à la Chambre des communes, et que lord Shaftesbury, présidant un *meeting* à Exeter Hall, l'a
flétrie en termes énergiques, et n'a pas craint de qualifier la confession
« d'instrument de corruption et de dégradation morale. »

On sait combien la Suisse, la mère patrie de la liberté européenne, doit
de troubles intérieurs à ce même génie envahissant et autocratique. On
a reproché, en France, à son gouvernement quelques mesures som-
maires vis-à-vis de deux évêques. Elle n'a eu en réalité qu'un tort, celui
de ne pas briser les derniers liens diplomatiques qui la rattachaient à
l'Église, pour ne reconnaître désormais sur son territoire que des citoyens.

Le problème a donc été jusqu'à présent mal posé, parce qu'on a con-
fondu la propriété individuelle et la liberté des cultes, également inviolables, avec la propriété collective et avec la reconnaissance de l'institution catholique. Il n'y a pas d'Église aux yeux de la loi ; il n'y a que des
citoyens pénétrés de certains sentiments religieux, adonnés à certaines
pratiques, et libres de s'entendre et de s'associer pour suivre leur culte,

Aucune communauté religieuse ne peut exercer des droits collectifs.

ART. 29. — Tous les citoyens sont également admissibles à tous les emplois publics, sans autre motif de préférence que leur mérite (1).

Toute nomination entachée de favoritisme ou déterminée par des considérations de naissance ou de fortune, pourra être déférée aux tribunaux comme un abus de pouvoir.

sans que la loi ait à s'en préoccuper; mais qui ne peuvent, sous le couvert de la religion, ni revendiquer un privilége social soumis à des conditions d'existence protectrices de l'ordre social, ni se permettre des actes que condamnent à la fois la loi positive et la conscience universelle.

Reconnaître l'Église, c'est reconnaître sa législation surnaturelle, sa morale particulière, son inspiration divine, le caractère sacré de ses membres, et dès lors sa suprématie incontestable sur l'État. L'ultramontanisme est logique dans ses conclusions. S'il y a un principe d'autorité supérieur à la raison publique et au suffrage universel, il faut revenir en arrière jusqu'à Grégoire VII et subordonner le premier de nos magistrats au dernier des prêtres. Mais si la société civile se place sur le terrain de la conscience générale et du droit individuel, elle nie le principe sur lequel repose tout l'échafaudage du catholicisme. Elle ne peut plus reconnaître, ni sa hiérarchie, ni ses intérêts collectifs, ni le caractère presque divin de ses élus. Elle ne doit voir dans le sacerdoce qu'une profession civile, dans le formalisme religieux que des actes humains, et dans les agissements du clergé que l'exercice des libertés communes. Elle doit frapper dès lors ces agissements, s'ils violent la loi morale, avec d'autant plus de sévérité que chacune de ces violations suppose un sacrilége, et qu'il y a un danger permanent d'absorption dans l'impunité acquise à ses membres.

Le seul° moyen de concilier la liberté religieuse avec la liberté civile est donc de ne pas admettre un État dans l'État, de poser simplement en principe *la conscience libre dans l'État libre*, et d'appliquer à tous la même loi, sans s'occuper des droits surnaturels qu'ils s'attribuent. La loi ne reconnaît que la propriété individuelle acquise par le travail ou par l'hérédité familiale, et la propriété collective autorisée par l'État au nom d'un intérêt public d'ordre civil. Elle considère comme manœuvre frauduleuse toute exploitation de la faiblesse ou de l'ignorance par des promesses illusoires, basées sur un pouvoir imaginaire. Elle frappe des peines les plus sévères la captation d'héritage, la subornation, les détournements de mineures, les séquestrations, la fraude pieuse ou non, la mendicité organisée, etc., etc. Qu'on applique la loi sans considération de personnes, qu'on respecte surtout le premier des droits, celui de la libre discussion, et la liberté religieuse la plus radicale cessera d'être un danger public, et la religion elle-même cessera peut-être d'être un commerce scandaleux pour devenir le lien de toutes les classes par la pratique de la charité.

(1) Art. 10 de la Constitution de 1848.

Art. 30. — Nul ne peut être arrêté et détenu préventivement que pour un crime de droit commun et dans les conditions fixées par la loi.

Toute arrestation et toute détention arbitraire entraînera la destitution immédiate du magistrat qui l'aura ordonnée et, subsidiairement, des agents qui l'auront exécutée, sans préjudice des dommages-intérêts encourus et des peines édictées par la loi contre la forfaiture.

Art. 31. — L'inviolabilité du domicile des citoyens s'étend à tout ce qui leur appartient. Aucune autorité n'a le droit d'ouvrir une correspondance ou de fouiller les papiers d'un prévenu pour y chercher la preuve d'un crime ou d'un délit (1).

La violation du secret des lettres, sous quelque prétexte que ce soit, est une vol par effraction.

Art. 32. — Le droit de pétition, individuelle ou collective, ne peut être entravé, pourvu qu'ils ne s'exerce pas dans un lieu public.

Toute pétition qui aura réuni un nombre de signatures légalisées dépassant la moitié des électeurs inscrits de la République, équivaudra à un vote de la souveraineté nationale, et devra être immédiatement convertie en loi par le pouvoir législatif.

Art. 33. — La Constitution garantit aux citoyens la liberté entière du travail et de l'industrie.

Aucune industrie particulière ne peut être subventionnée par l'État, si ce n'est dans un intérêt public et en vertu d'une loi.

Aucune industrie ne peut être chargée d'une taxe exceptionnelle, même dans un but de bienfaisance.

Le droit des pauvres et les subventions théâtrales aux frais de l'État sont supprimés.

Art. 34. — La constitution garantit la liberté de conscience de chaque citoyen et le libre exercice de tous les cultes qui n'offensent pas la morale publique.

Toute cérémonie extérieure leur est interdite, à moins qu'elle n'ait été autorisée, dans la localité où elle se produit, par l'unanimité du conseil municipal.

Chaque culte a le droit de s'organiser comme il l'entend, sans

____

(1) Il n'est jamais permis de commettre un crime positif pour obtenir un bien éventuel.

aucune intervention des pouvoirs publics. Mais aucun titre religieux ne sera reconnu que s'il émane de l'élection du groupe national auquel il se rapporte.

Le Concordat de 1801 et toutes les lois relatives aux relations des différents cultes avec le pouvoir civil sont abrogés (1).

La Direction et le Budget des Cultes sont supprimés. Mais les conseils généraux et communaux restent libres de pourvoir aux besoins de leurs associations religieuses, pourvu que l'instruction primaire laïque n'en souffre aucune atteinte.

Art. 35. — L'industrie de la presse périodique et celles de l'imprimerie et de la librairie sont soumises au droit commun. Elles ne peuvent être assujetties à aucune autorisation préalable, à aucun cautionnement et à aucun impôt exceptionnel. Elles sont responsables de leurs attaques à la morale publique et aux intérêts privés.

Art. 36. — La discussion publique, par la voie de la presse, de toutes les questions religieuses, philosophiques, politiques et sociales, fait partie intégrante de la souveraineté nationale. Aucune limite ne peut lui être imposée par l'autorité soumise à son contrôle (2). Aucun privilége de circulation ne peut être accordé à une publication privée.

____

(1) La plus grande faute de mon règne, disait Napoléon à M. de Pradt, « est d'avoir fait le Concordat. »

(2) Les délits de convention imaginés pour atteindre la presse, surtout depuis les infâmes lois de Septembre, n'ont jamais été que des guets-apens tendus sous les pas de la vérité qui déplaisait. La répression légale a toujours amnistié les vrais coupables. Il y a deux ans que la presse immonde de l'absolutisme, du proxénétisme et de la délation publique commet tous les jours impudemment le crime d'appel à la guerre civile. Quel est le magistrat qui s'en soit ému ? Le but réel de toutes ces lois est donc d'étouffer la conscience publique pour laisser libre carrière aux appétits sans frein et aux systèmes destructeurs. Or, nous savons aujourd'hui, par une trop cruelle expérience, où nous mènent ces appétits et ces systèmes. Nous aurions évité tous nos désastres si la voix du pays avait pu se faire entendre. Nous ne devons plus tolérer qu'un pouvoir toujours aveugle et toujours foncièrement immoral, mette un bâillon sur la bouche loyale du peuple qui le paye et dont il n'est que le mandataire responsable. « Il n'y aura plus de délit de presse, » disait en 1830, en recevant la couronne, le prince qui devait plus tard édicter les lois de Septembre. Ce sont ces lois jésuitiques qui ont perdu sa dynastie et créé le fumier sur lequel est éclos l'Empire. Nous périssons de putréfaction morale et d'aberration intellectuelle faute de libre discussion. Il ne peut plus y avoir des délits de presse.

La commission de colportage et toutes les institutions de censure préventive sont abolies.

ART. 37. — Le domaine de la vie privée est inviolable. La reproduction des procès de séparation, de divorce et de tout autre d'une nature intime est interdite.

Toute pénétration de la presse dans la vie privée et toute excitation directe ou indirecte à la débauche par des publications, des dessins ou des photographies, sera poursuivie d'office comme un attentat aux mœurs et punie du maximum de la peine.

ART. 38. — Toute saisie de journal ou de livre, par une autorité quelconque, non justifiée par un jugement des tribunaux, sera assimilée au pillage à force ouverte prévu par l'art. 440 du code pénal, avec aggravation de forfaiture, et sans préjudice des dommages-intérêts encourus par son auteur (1).

ART. 39. — Les Français ont le droit de s'associer dans un but licite, sans autorisation préalable, à la double condition d'une déclaration immédiate à l'autorité municipale, et de la publicité des statuts et des règlements qui constituent l'association.

Ne sont pas considérés comme licites l'exploitation des passions et des faiblesses humaines, le détournement des femmes de leurs devoirs sociaux et l'abus de la crédulité ignorante par des manœuvres frauduleuses.

Les articles 291, 292 et 294 du Code pénal sont abrogés.

ART. 40. — Toute association dont la direction échappe aux lois du pays par sa résidence à l'étranger, ou dont l'objet évident est d'exercer une pression violente sur la liberté de ses adhérents, est interdite.

Ne peuvent être ni autorisées ni tolérées sur le territoire national celles dont les principes, les statuts et l'enseignement sont en opposition flagrante avec les principes de notre droit public et de la

---

(1) Art. 440. « Tout pillage, tout dégât de denrées ou marchandises, effets, propriétés mobilières, commis en réunion ou bande et à force ouverte, sera puni des travaux forcés à temps ; chacun des coupables sera de plus condamné à une amende de deux cents francs à cinq mille francs. » Il faut bien, en outre, que Messieurs les préfets, les ministres et les généraux daignent se souvenir qu'un journal réunit en lui seul les trois titres inviolables de la propriété : le capital, le travail et le talent ; qu'il est dès lors deux fois plus respectable qu'une fortune héréditaire, ou qu'un traitement préfectoral ; et que la suppression ou la suspension de ce journal, sans déclaration d'utilité publique, et sans indemnité préalable est, en conséquence, un acte de pur socialisme révolutionnaire, aussi dangereux par l'exemple qu'il donne que par les répétitions auxquelles il expose ses auteurs.

morale universelle, ou qui reconnaissent une loi distincte de celle du pays.

L'ordre des Jésuites et les sociétés qui lui sont affiliées ne peuvent être reçus dans aucune partie de la France (1).

Art. 41. — Aucun contrat d'association passé de bonne foi, et ayant rempli les conditions essentielles de déclaration et de publicité, ne peut être désavoué par la loi.

La loi n'intervient dans les transactions individuelles que pour la protection des mineurs et des impuissants et la répression de la fraude.

Art. 42. — Le droit de réunion sans armes dans un lieu public ou privé, autre que la voie publique, ne peut être soumis à aucune entrave. Le droit de réunion sur la voie publique est limité par les exigences de la circulation et de l'ordre matériel.

Aucune manifestation concertée, politique ou religieuse, de nature à interrompre le cours de la vie sociale ou à provoquer des réactions dangereuses, ne peut avoir lieu sans l'autorisation du pouvoir municipal (2).

Art. 43. — L'enseignement est libre ; toute mesure préventive est interdite (3).

Chaque ville et chaque groupe administratif a le droit d'organiser l'instruction publique de son ressort et de créer des universités et des écoles spéciales, sans aucune intervention de l'État, pourvu que l'initiative privée n'en souffre aucune atteinte.

Toutes les institutions publiques dont le programme aura été adopté par le Conseil général du département pourront délivrer des diplômes de capacité.

Art. 44. — L'instruction primaire est obligatoire. Elle est gratuite et laïque dans les écoles publiques.

Le père de famille est responsable de l'ignorance de ses enfants.

(1) Art. 58 de la Constitution Suisse.

(2) Les *meetings* et les démonstrations du genre de celle organisée par Sobrier en 1848 et de celle du 15 mai pour la Pologne, n'ont aucune raison d'être sous un régime constitutionnel, où toutes les voix de l'opinion peuvent se faire entendre. Ce ne sont que des tentatives brutales d'intimidation, toujours menées par des pervers ou des traîtres, et incompatibles avec la marche régulière et avec le prestige moral d'une République. Les journées de Juin et le 2 Décembre sont sortis des promenades ouvrières de 1848 ; et il n'y a plus que les décembraillards et les voleurs qui puissent tenir à cette forme turbulente et aventureuse du droit de réunion.

(3) Art. 17 de la Constitution Belge.

Toute violation du devoir paternel d'envoyer ses enfants à l'école entraînera la privation des droits politiques, sans préjudice des peines édictées par la loi.

ART. 45. — Tous les priviléges de l'Université de France et des établissements religieux et militaires sont abolis.

Le seul droit de l'État est d'imposer l'instruction primaire laïque à toutes les communes par l'intermédiaire des départements, et d'encourager toutes les initiatives, individuelles ou collectives, tendant à la création de nouvelles institutions d'instruction secondaire, spéciale ou supérieure.

TITRE III.

Administrations provinciales.

SECTION I. — LA COMMUNE.

ART. 46. — Toutes les communes de la République, rurales ou urbaines, sont indépendantes dans l'administration de leurs intérêts exclusivement communaux (1).

(1) Il ne faut jamais oublier que l'autonomie municipale est de toute antiquité le droit commun, le *jus ante omnia jura natum*, le véritable droit divin du monde entier, sans en excepter les contrées les plus barbares ; que la Gaule en jouissait de temps immémorial avant l'invasion de Jules César ; que la domination romaine, bien loin de la détruire, fortifia et honora cette liberté primitive, dont Nîmes, Arles, Autun et Lyon nous rappellent encore les grandeurs ; qu'aucun despote asiatique n'y a jamais porté atteinte ; que la Chine et le Japon lui doivent toute leur virilité intérieure ; qu'en Russie même, sous le règne d'Alexandre II, l'indépendance municipale a été la conséquence nécessaire de l'abolition du servage ; qu'elle représente seule, dans notre nuit sanglante du moyen âge, le patriotisme éclairé, la dignité humaine et la sécurité sociale ; qu'elle n'a été supprimée par Louis XIV que pour fournir, par la vente des fonctions municipales, de nouvelles ressources aux désordres de son règne ; que nous avons dû la respecter même chez nos vaincus, les fiers Kabyles du Djurjura, plus libres que nous ne le sommes depuis deux siècles; et que le régime sous lequel nous vivons, dépouillés de cette liberté-là comme de toutes les autres, est tout uniment la tyrannie la plus savante, la plus immorale, et la plus criminelle qui ait jamais pesé sur un peuple. Il n'y a pas d'acte qui ne soit légitime pour briser cette camisole de force imposée à la nation entière par ceux qu'elle paye pour la servir. Cette organisation d'ailleurs, formellement condamnée et balayée par l'éman-

Art. 47. — L'administration de la commune est confiée à un conseil municipal, élu par les électeurs communaux, lequel choisit dans son sein, pour l'exécution de ses délibérations et le maintien de l'ordre légal, un maire et un nombre d'adjoints proportionnel à la population.

Art. 48. — Sont électeurs communaux, sans condition de cens, tous les Français âgés de 21 ans, jouissant de leurs droits civils et politiques, domiciliés dans la commune depuis une année au moins, et n'ayant encouru aucune incapacité légale.

Tout citoyen ayant des intérêts fixes de propriété ou d'industrie dans plusieurs communes, est électeur communal dans chacune d'elles un an après l'acquisition de ces intérêts; mais il ne peut faire partie du conseil municipal que dans celle où il a fixé son domicile.

Art. 49. — Le nombre *minimnm* des conseillers municipaux, le maire et les adjoints compris, est de 12 pour les communes au-dessous de 10,000 âmes, de 15 pour les villes de 10 à 20,000 âmes, de 18 jusqu'à 50,000 âmes, de 24 jusqu'à 100,000 âmes, de 30 jusqu'à 200,000, de 36 jusqu'à 400,000, de 48 jusqu'à 1 million d'âmes, et de 80 pour la ville de Paris.

Ils sont élus au scrutin de liste, à moins que, dans les villes divisées en arrondissements, le conseil municipal lui-même n'ait adopté le vote par arrondissement, et, dans ce cas, le nombre des conseillers est mis en rapport avec celui des divisions locales.

Art. 50. — Les conseillers municipaux sont élus pour trois ans. Ils sont indéfiniment rééligibles.

Art. 51. — Le conseil municipal se réunit sous la présidence du maire, et, à son défaut, sous celle d'un adjoint, toutes les fois que les affaires de la commune l'exigent, et il fixe lui-même l'époque de ses réunions. Ses délibérations sont publiques.

Le préfet du département peut convoquer les conseils municipaux pour leur soumettre une question qui intéresse le canton ou le département.

Art. 52. — Le maire et les adjoints sont élus pour trois ans, à la majorité des votants, dans la première réunion du conseil municipal. Le conseil détermine lui-même le nombre des adjoints qu'il juge nécessaire à la bonne administration de la commune.

---

cipation de 89, ne puise la *légalité* de son rétablissement que dans le plus funeste et le plus irrémissible des crimes modernes, le 18 Brumaire, digne modèle du 2 Décembre. C'est la légalité du brigandage napoléonien, machiavéliquement acceptée par tous les pouvoirs qui lui ont succédé, mais contre laquelle protestent, depuis trois quarts de siècle, tous les principes et tous les droits de l'ordre éternel.

Art. **53**. — Le maire est à la fois le chef administratif de la commune et l'intermédiaire du pouvoir central et de l'autorité départementale auprès de ses administrés.

Il publie les lois d'intérêt général et toutes les communications utiles qui lui sont adressées dana ce but par les pouvoirs compétents.

Il prête son concours à l'autorité supérieure pour le recouvrement des impôts et l'exécution des décisions judiciaires.

Mais il n'est responsable que devant le conseil municipal de sa gestion des intérêts communaux, sauf dans les cas de crimes ou de délits de droit commun définis par la loi.

Il dresse les actes de l'état civil, commande à la police locale, dirige et surveille les travaux publics, nomme tous les agents de la commune, préside à l'emploi régulier de son budget, et prend tous les arrêtés nécessaires à l'exécution des délibérations du conseil municipal et au maintien de l'ordre.

Il publie chaque année le compte des recettes et dépenses de la commune.

Art. **54**. — Le conseil municipal de chaque commune est le seul juge des mesures à prendre en cas d'émeute ou de trouble quelconque dans l'intérieur de la commune.

Aucune exception ne peut être admise pour enlever aux grandes villes l'autonomie administrative qui leur appartient.

Aucune force armée, autre que la police municipale, n'a le droit de pénétrer dans une commune, urbaine ou rurale, que sur l'appel de son maire et pour être mise à sa disposition (1).

Tout chef militaire qui violera cette interdiction, même en se fondant sur un ordre du gouvernement ou de ses chefs, sera immédiatement arrêté et livré aux tribunaux, comme coupable de forfaiture.

Art. **55**. — Toutes les villes ont le droit d'organiser pour leur service intérieur une force armée, formée de volontaires et commandée par des officiers de leur choix.

Art. **56**. — Le conseil municipal ne peut engager l'avenir de la commune, en contractant un emprunt temporaire, que par trois délibérations successives, prises à un mois d'intervalle, et ayant réuni les trois quarts des voix des membres du conseil.

Tout emprunt perpétuel lui est interdit.

---

(1) C'est cette sage disposition qui maintient l'ordre dans les grandes villes de la Belgique, souvent agitées par les intrigues cléricales, et qui a sauvé jusqu'ici le trône de Léopold.

Art. 57. — Toute délibération du conseil municipal et toute décision du maire, qui sera contredite en temps opportun par une pétition signée de la majorité des électeurs inscrits de la commune, sera rapportée, et tous ses effets seront annulés.

Art. 58. — Le conseil municipal est libre d'appeler dans son sein, à titre consultatif, les plus imposés de la commune pour discuter avec eux les questions d'impôt, d'emprunt ou de travaux publics qui peuvent les intéresser exceptionnellement, notamment dans le cas prévu par l'art. 56. Mais le vote du conseil ne peut avoir lieu qu'en l'absence de ces membres consultants.

Art. 59. — Le budget de chaque commune rurale inscrira en tête de ses dépenses obligatoires l'entretien d'une école primaire laïque, obligatoire et gratuite pour chacun des deux sexes, à moins qu'il n'y ait déjà des écoles libres, fondées sur les mêmes principes, et présentant toutes les garanties désirables.

La laïcité de l'école ne doit porter aucune atteinte au droit des familles de faire donner à leurs enfants, en dehors de l'école, l'instruction religieuse de leur choix.

Les mêmes prescriptions s'appliquent aux villes pour chaque groupe de trois mille âmes.

Art. 60. — La commune ne peut être imposée que par ses propres représentants. Mais dans le cas où elle ne pourvoirait pas à ses dépenses obligatoires, le Conseil général du département y pourvoira d'office.

Les dépenses obligatoires sont celles de l'école primaire, de la salubrité, de la voirie, de la police locale, de l'entretien des bâtiments publics et des chemins vicinaux, et de la garde des propriétés pour les communes rurales.

Art. 61. — Les conseils municipaux ne peuvent être dissous que par le préfet élu du département, sur la proposition de la Commission départementale.

En cas de dissolution, la commune est convoquée d'office le deuxième dimanche qui suit la date de l'arrêté préfectoral, pour élire un nouveau conseil municipal.

Si la majorité de l'ancien conseil est réélue, l'arrêté de dissolution est nul et non avenu.

Art. 62. — Le maire ne peut être suspendu ou révoqué, dans le cours régulier de sa gestion, que par son propre conseil municipal et aux trois quarts des voix des membres présents.

Art. 63. — Dans les villes divisées en plusieurs arrondissements, le conseil municipal peut créer autant de municipalités distinctes qu'il y a d'arrondissements, en se réservant les intérêts généraux de la cité. Il peut déléguer une partie de ses pouvoirs, et notamment la tenue des actes de l'état civil, à des fonctionnaires salariés ou à des commissions spéciales.

ART. 64. — Tout conflit entre des communes voisines, qui n'aura pu être vidé en conciliation par le conseil cantonal, est jugé par la Commission départementale.

SECTION II. — LE CANTON.

ART. 65. — Chaque conseil municipal élit dans son sein, à la majorité absolue, un délégué pour le représenter au conseil cantonal.

Le conseil cantonal se compose des délégués de tous les conseils municipaux du canton.

ART. 66. — Le conseil cantonal est élu pour trois ans. Il nomme son président et son secrétaire, et tient ses séances au chef-lieu du canton.

ART. 67. — Le président du conseil cantonal est l'exécuteur des délibérations du conseil.

Il fait les convocations, préside les séances, et donne aux affaires du conseil la suite qu'elles comportent.

Il nomme, sur l'avis du conseil, tous les fonctionnaires salariés du canton.

Il transmet à la Commission permanente du Conseil général, avec son avis, les questions contentieuses qui lui sont réservées.

Il a pour mission spéciale de surveiller l'instruction primaire des communes du canton et l'entretien des chemins de grande et de petite vicinalité.

ART. 68. — Les conseils cantonaux se réunissent d'office deux fois par an, le 1er dimanche du mois d'avril et le 1er dimanche du mois d'août, et prolongent leur session jusqu'à épuisement de leur ordre du jour.

Ils peuvent se réunir librement, sur la convocation de leur président, toutes les fois qu'ils le jugent utile.

ART. 69. — Il y a incompatibilité entre les fonctions de conseiller cantonal et celles de juge de paix ou de tout autre agent salarié par le canton.

ART. 70. — Le conseil cantonal est le représentant souverain des intérêts exclusivement cantonaux et l'arbitre des difficultés survenues entre les communes du canton, sauf recours, s'il y a lieu, à la Commission départementale.

Il répartit le contingent des contributions directes entre les communes.

Forme les listes du jury criminel et du jury d'expropriation, avec le concours des juges de paix.

Donne son avis sur toutes les questions départementales qui intéressent le canton, et prononce sur toutes celles où le canton est seul intéressé.

Art. 71. — Le budget du conseil cantonal se constitue de toutes les ressources qui seront affectées par le Conseil général aux établissements d'utilité publique du canton, des centimes additionnels que les communes l'autoriseront à prélever, de la part contributive de ces communes sur les travaux publics du canton, et de tous les revenus des biens, meubles et immeubles, dont le canton aura la disposition légale.

Le conseil cantonal peut contracter un emprunt à l'unanimité des voix, sous la réserve de l'approbation du Conseil général.

Art. 72. — Les conseils cantonaux, aussi bien que les conseils municipaux, sont libres de correspondre entre eux et de s'entendre sur toutes les questions qui les intéressent collectivement, pourvu que les intérêts généraux du département n'en soient pas lésés.

SECTION III. — LE DÉPARTEMENT.

Art. 73. — L'administration de chaque département appartient exclusivement à son Conseil général et au préfet qu'il choisit lui-même, sauf recours, en cas de conflit, à la Haute Cour de justice instituée par les art. 147 et 150 ci-après.

Art. 74. — Le Conseil général se compose d'autant de membres qu'il y a de cantons dans le département, à raison d'un conseiller par canton.

Il est nommé pour quatre ans, et se renouvelle par moitié tous les deux ans.

Art. 75. — Les conseillers généraux sont élus, sans conditions de propriété, de cens et de domicile, au scrutin secret et à la majorité relative, par les électeurs communaux de leurs cantons respectifs.

Art. 76. — Nul ne peut être conseiller général s'il ne jouit de ses droits civils et politiques, et s'il n'est âgé de 25 ans au jour de son élection.

Art. 77. — Il y a incompatibilité entre le mandat de conseiller général et les fonctions de l'ordre judiciaire, ainsi que celles salariées par le département.

ART. 78. — Le Conseil général vérifie les pouvoirs de ses membres, nomme ses présidents et secrétaire, rédige son règlement et délibère à la majorité absolue de ses membres.

Ses séances sont publiques.

ART. 79. — Le Conseil général choisit dans son sein ou hors de son sein, au scrutin secret et à la majorité absolue, le préfet du département.

Si le préfet élu était conseiller général, il est procédé à une nouvelle élection, dans son canton, pour le remplacer au Conseil.

ART. 80. — Le préfet du département est à la fois l'exécuteur des délibérations du Conseil général, l'intermédiaire de l'autorité centrale auprès de ses administrés et le gardien de la paix publique. Il assiste aux délibérations du Conseil, mais n'a pas voix délibérative.

ART. 81. — Les Conseils généraux ont deux sessions obligatoires, qui commencent le 1er mai et le 1er octobre de chaque année, et qui durent jusqu'à épuisement de leur ordre du jour.

Ils se réunissent en outre, sur la proposition de la Commission départementale et la convocation de leur président, toutes les fois que l'exigent les affaires du département.

ART. 82. — Le Conseil général est représenté, dans l'intervalle de ses séances, par une Commission départementale de cinq conseillers élus au scrutin secret et à la majorité absolue, et qui peuvent être renouvelés à chaque session.

ART. 83. — La Commission départementale est, à la fois, un comité consultatif pour l'autorité préfectorale, et un tribunal administratif pour tous les conflits communaux et cantonaux, et pour toutes les questions de répartition d'impôts et de comptabilité cantonale.

ART. 84. — Les fonctions de conseiller général sont gratuites; celles de préfet et de membre de la commission départementale sont rétribuées par le département.

ART. 85. — Le Conseil général est souverain dans le cercle des intérêts départementaux, sous la seule condition de se conformer aux lois qui régissent les intérêts généraux du pays (1).

____

(1) Les intérêts généraux sont, sauf décision contraire des pouvoirs compétents :

La loi civile, criminelle et commerciale ;

La poursuite des crimes et des délits par le ministère public ;

La gendarmerie et les corps spéciaux ;

Art. 86. — Il prononce définitivement sur toutes les questions soumises à ses délibérations ou à son avis consultatif, en vertu des lois relatives à ses attributions, et notamment de celle du 10 mai 1858.

Art. 87. — Il lève les impôts nécessaires à la gestion des intérêts départementaux, en se conformant aux principes inscrits dans les articles 13 et 14.

Art. 88. — Il dispose de son budget pour les dépenses ordinaires et facultatives du département, sans aucune intervention de l'Etat et sous sa seule responsabilité.

Il accepte des legs et donations, et jouit de tous les droits de la personnalité civile pour la gestion des biens départementaux.

Art. 89. — Il nomme et révoque tous les agents des services départementaux, et peut s'entendre avec l'État pour la perception des impôts qui leur seraient communs.

Art. 90. — Il peut concéder des chemins de fer et des lignes télégraphiques dans l'intérieur du département, et subventionner les entreprises déclarées d'utilité publique départementale.

Art. 91. — Il ne peut contracter des emprunts temporaires qu'après trois délibérations prises à un mois d'intervalle, et à la majorité des trois quarts des membres présents.

Art. 92. — Il publie chaque année l'exposé des dépenses et recettes du département.

Art. 93. — Aucune question de politique intérieure ou extérieure ne lui est interdite ; mais il ne peut émettre que des vœux sur celles qui touchent aux intérêts généraux du pays.

Le commandement supérieur de la défense nationale, les forts et places fortes et la direction de l'armement ;

L'administration centrale et générale ;

Les routes nationales, les postes et les télégraphes généraux ;

La dette publique, l'impôt général et la douane ;

Le gouvernement des provinces ;

La surveillance de l'instruction primaire, obligatoire et laïque ;

Les affaires étrangères et les traités d'alliance ou de commerce ;

La frappe des monnaies métalliques ou fiduciaires ;

L'application générale du système décimal ;

La concession et la surveillance des lignes nationales de chemins de fer ;

La concession des lignes postales de navigation, sous la réserve du droit de chaque ville de subventionner tel service qu'elle jugera utile à ses intérêts locaux ;

La conservation des forêts alpestres et le reboisement des hauteurs et des pentes qui auraient été déclarées d'utilité publique ;

Enfin, les travaux publics réclamés par la défense nationale, par la salubrité publique et par la conservation du sol.

Art. 94. — Les Conseils généraux ont le droit de correspondre entre eux, de s'entendre sur leurs intérêts communs, d'accorder des concessions à titre collectif et de prendre toutes les mesures concertées qu'ils jugent utiles à leurs départements, et qui ne sont contraires ni à la loi commune ni aux intérêts de l'État.

SECTION IV. — LA PROVINCE.

Art. 95. — Il est institué dans chaque province un Conseil provincial, chargé de régler les questions administratives qui intéressent plusieurs départements faisant partie de cette province (1).

Art. 96. — Le Conseil provincial est formé par la réunion des délégués de la province, à raison de trois délégués par département. Ces délégués sont nommés par le Conseil général.

Art. 97. — Le Conseil provincial se réunit obligatoirement, au chef-lieu de la province, le 1er juin de chaque année.

Il se réunit extraordinairement, sur la convocation de son président, toutes les fois que les circonstances l'exigent.

Art. 98. — Le Conseil provincial s'organise lui-même et discute toutes les affaires qui lui sont soumises, soit par les départements faisant partie de sa circonscription, soit par le gouvernement, soit par de simples pétitions individuelles.

Il peut accorder des concessions de chemins de fer, de télégraphes et d'autres services publics dans l'intérieur de la province. Il vote les voies et moyens nécessaires pour les dépenses, et peut contracter des emprunts temporaires.

Mais ses délibérations ne sont valables que si elles ont été prises à l'unanimité des voix, et que si elles ne violent ni les droits de l'État ni ceux de l'administration départementale.

Art. 99. — Tous les conflits des administrations départementales ou provinciales entre elles ou avec l'État sont jugés par la Haute Cour de justice.

(1) Les évêques ont leurs synodes provinciaux. Toutes les corporations ont leurs congrès. Pourquoi ne rendrait-on pas aux provinces, sous une forme moderne, l'importance morale et financière des anciens parlements, dégagée des questions de nationalité, de législation et d'impôt, qui appartiennent à l'État ?

TITRE IV.

Organisation des pouvoirs publics.

SECTION I. — DU POUVOIR LÉGISLATIF.

ART. 100. — Le pouvoir législatif appartient à titre égal, mais dans des conditions différentes, à deux assemblées également issues de l'élection, le Sénat et la Chambre des députés, dont la réunion constitue le Parlement national (1).

ART. 101. — Aucun impôt n'est légitime et aucune loi n'est obligatoire s'ils n'ont été votés, en pleine liberté, par la majorité de chacune de ces assemblées, ou par leur majorité collective, dans le cas prévu par l'art. 118.

ART. 102. — Toute délibération du Sénat ou de la Chambre des députés prise sous le régime de l'état de siége, ou dans une ville gardée par une troupe soldée, est nulle de plein droit.

ART. 103. — Le Sénat se compose de tous les conseillers généraux âgés de 30 ans au moins qui auront été élus, au scrutin secret et à la majorité absolue, par les Conseils généraux des départements, à raison d'un sénateur par 100,000 habitants.

Aucun département ne peut être représenté par moins de deux sénateurs.

ART. 104. — La Chambre des députés se compose de tous les citoyens élus directement, au scrutin de liste, par les électeurs

(1) Le système d'une assemblée unique est une des plus funestes aberrations de l'école jacobine. L'expérience que nous venons d'en faire à Versailles doit avoir aujourd'hui dessillé tous les yeux. Il est absurde de ne pas admettre deux corps délibérants pour créer la loi, quand on est obligé d'admettre deux degrés de juridiction pour l'appliquer. Une assemblée unique, d'ailleurs, par cela seul qu'elle est sans contrôle, aboutit infailliblement à la dictature, et la France n'aspire qu'à la liberté. Nous ne voulons pas plus de Conventions que de Césars. L'exagération du système unitaire n'a produit d'autre résultat que de faire germer partout des ferments de séparatisme ; et Paris ne sera désormais accepté comme pouvoir central, que si ce pouvoir central représente en réalité toutes les forces vives du pays, et toutes les indépendances locales. Tel est le but que je me suis proposé en organisant les pouvoirs publics sur des bases nouvelles.

inscrits de chaque département, à raison d'un député par 100,000 habitants, et de tous ceux qui, n'ayant pas été élus dans leurs départements respectifs, ont obtenu cependant un nombre de voix supérieur à la moyenne des voix des candidats élus (1).

Art. 105. — Sont électeurs, sans condition de cens, tous les Français âgés de vingt-un ans, jouissant de leurs droits civils et politiques, domiciliés dans leur collége électoral depuis six mois (2), n'ayant été frappés d'aucune incapacité légale, et sachant lire et écrire couramment.

Sont électeurs, au même titre et dans les mêmes conditions d'âge et de domicile, toutes les femmes, non en puissance de père ou de mari, qui ont obtenu un diplôme d'institutrice, de médecin ou de toute autre profession libérale (3).

Art. 106. — Une loi spéciale déterminera les causes d'indignité électorale résultant des condamnations encourues, en ne tenant compte que de la violation des lois morales.

Art. 107. — Sont éligibles à la Chambre des députés, sans conditions de cens et de domicile, tous les Français âgés de 25 ans, jouissant de leurs droits civils et politiques, et n'ayant encouru aucune incapacité prévue par la loi.

Un député n'est élu que lorsqu'il a obtenu les suffrages de la majorité absolue des votants et du quart des électeurs inscrits.

(1) Le but de cette dernière disposition est d'arriver, dans la mesure du possible, à la représentation des minorités, aussi bien qu'à l'équivalence des élections.

(2) Le domicile n'est ici qu'une présomption d'identité, car c'est l'identité qui constitue le droit électoral. Sans cela M. Thiers aurait commis un acte coupable, en votant pour M. de Rémusat, aux élections du 27 avril dernier, puisqu'il n'avait plus de domicile personnel à Paris depuis deux ans, par suite de la démolition de sa maison de la place Saint-Georges, et que son domicile légal de Président de la République était à Versailles.

(3) Cette innovation si justifiée n'est qu'un commencement de justice. Une femme morte, il y a trois ans, Mme Hermann-Lyon, était une des puissances financières de notre pays, et le plus grand manipulateur d'or de l'Europe, après Rothschild. Elle payait, en conséquence, des millions à l'État. De quel droit lui refuserait-on, si elle vivait encore, la faculté électorale que possédait le dernier de ses commis ? De quel droit la refuserait-on à Mme Gatti de Gamond, la grande créatrice des institutions communales de Bruxelles, si elle était Française, et à Mme Pape-Carpentier, la célèbre inspectrice générale des salles d'asile, si elle était veuve et si elle la réclamait ? Il y a en France un certain nombre de femmes qui ont bien mérité d'intervenir dans les destinées de la patrie, et le meilleur moyen de ramener leur sexe aux idées sérieuses qu'il a désertées, est de lui reconnaître une capacité civile et politique, égale à la nôtre, toutes les fois qu'il fait acte de virilité morale.

Art. 108. — Le Sénat et la Chambre des députés sont élus pour quatre ans, mais ils sont renouvelés par moitié tous les deux ans ; le tirage au sort de la première moitié sortante décide de l'ordre de ce renouvellement.

Sénateurs et députés sont indéfiniment rééligibles.

Art. 109. — Il y a incompatibilité entre les fonctions de sénateur ou de député et celles d'agent salarié du pouvoir exécutif.

Les ministres seuls sont exceptés de cette incompatibilité personnelle, mais ils ne peuvent cumuler leur traitement de ministres avec l'indemnité accordée aux députés.

Art. 110. — En cas de vacance d'un siége de député ou de sénateur, par suite de décès, de démission ou d'expulsion légale, l'élection nécessaire pour y pourvoir a lieu le troisième dimanche qui suit, sur la convocation du préfet du département.

Art. 111. — Tout mandat impératif accepté par un candidat à la députation ou au Sénat, et toute déclaration publique signée de lui, constituent une obligation stricte dont la violation, constatée devant l'autorité judiciaire, emporte de droit sa révocation et la privation des droits politiques pendant dix ans, sans préjudice des peines encourues pour cause de forfaiture et des dommages-intérêts prévus par les art. 1989, 1991 et 1992 du code civil.

Art. 112. — Le Sénat et la Chambre des députés vérifient les pouvoirs de leurs membres, nomment leurs bureaux et rédigent leur règlement.

Aucune disposition de ce règlement ne peut entraver la libre discussion des lois et imposer silence à la minorité.

Aucune convenance parlementaire ne doit empêcher l'expression précise de la vérité.

Art. 113. — Les présidents du Sénat et de la Chambre des députés sont élus pour une session et sont indéfiniment rééligibles.

Art. 114. — Le président du Sénat en exercice prend de droit l'intérim de la présidence de la République, quand cette présidence est vacante pour cause de décès, d'absence, ou de suspension légale de son titulaire.

Art. 115. — L'initiative des lois appartient exclusivement à la Chambre des députés. Il n'y a d'exception que pour les lois de finances ou les traités avec l'Étranger, qui doivent être présentés par le pouvoir exécutif, et pour les propositions émanées de la Commission de Codification instituée par l'art. 164, qui sont transmises directement à la Chambre par l'intermédiaire de son président.

Art. 116. — Toutes les propositions de loi sont délibérées successivement en séance publique, par la Chambre des députés et par le Sénat, dans les formes déterminées par leurs règlements respectifs.

Art. 117. — En cas de vote contradictoire, le projet de loi est ajourné jusqu'au prochain renouvellement biennal des deux Chambres du Parlement national, puis soumis à une nouvelle discussion dans ces deux Chambres.

Art. 118. — Dans le cas où le second vote accuserait le même dissentiment, le Sénat et la Chambre des députés se réunissent dans l'enceinte des délibérations du Sénat, sous la présidence de son président, et le nouveau vote qui intervient à la majorité des votants, et dans les formes ordinaires, prononce l'adoption ou le rejet définitif de la loi (1).

Art. 119. — Cette délibération en commun a lieu sans attendre le renouvellement biennal, toutes les fois qu'il s'agit de lois de finances ou de toute autre dont l'urgence a été préalablement reconnue par les deux Chambres.

Art. 120. — Le vote est personnel. Tout bulletin de vote déposé au nom d'un tiers est annulé. La récidive de cette usurpation est frappée d'une peine disciplinaire.

Art. 121. — Le droit d'interpeller les ministres est absolu quand il est appuyé par dix membres du Sénat ou de la Chambre des députés. L'interpellation et la réponse qu'elle exige ne peuvent être ajournées au delà de trois jours.

Art. 122. — Le Sénat et la Chambre des députés se réunissent d'office le 1er novembre de chaque année, et prolongent cette session obligatoire jusqu'à l'épuisement de leur ordre du jour. Ils peuvent être convoqués extraordinairement par leurs présidents respectifs.

Art. 123. — Le Sénat est le gardien du crédit et de la dignité de la République et de la fidélité des pouvoirs publics aux principes de la Constitution.

Il contrôle les nominations du pouvoir exécutif dans les Corps diplomatique et consulaire, et l'application des excédants budgétaires à l'extinction de la Dette nationale.

Il propose à la nomination de la Chambre des députés les magistrats de la Haute Cour de justice, les membres de la Cour de cassation et les membres de la Commission permanente de Codification.

Ses propositions peuvent porter un nombre de candidats triple de celui des magistrats à élire.

____

(1) C'est le système adopté au Brésil, où il a écarté jusqu'ici toutes les difficultés qui naissent de la rivalité des deux chambres.

Il peut provoquer la destitution d'un gouverneur de province pour cause de violation des libertés locales.

Toutes les pétitions des corps électifs lui sont adressées.

Art. 124. — La Chambre des députés propose les lois et les discute dans les formes déterminées par son règlement.

Elle nomme, sur la proposition du Sénat, les membres de la Haute Cour de justice, ceux de la Cour de cassation et ceux de la Commission permanente de Codification.

Art. 125. — Les membres du Parlement national sont inviolables ; ils ne peuvent être ni accusés ni jugés pour les opinions qu'ils auront émises dans l'exercice de leur mandat.

Mais ils sont responsables civilement et criminellement des conséquences de leurs votes.

Art. 126. — Ils ne peuvent être arrêtés ni poursuivis pendant la durée de leur mandat, sauf dans le cas de flagrant délit d'un crime de droit commun, que lorsque la Chambre à laquelle ils appartiennent aura autorisé l'arrestation et la poursuite, par un vote rendu à la majorité des deux tiers des membres présents.

Art. 127. — Tout vote qui aura eu pour conséquence un grand désastre national, entraînera de droit le séquestre des biens du votant et sa poursuite devant la Haute Cour de justice pour crime de haute trahison.

Art. 128. — Une indemnité de présence pourra être allouée, mensuellement, aux membres du Sénat et de la Chambre des députés.

Leur absence constatée trois fois dans un mois, aura pour conséquence la suppression de cette indemnité.

Toute absence de trois mois équivaut à une démission.

SECTION II. — POUVOIR EXÉCUTIF.

Art. 129. — Le pouvoir exécutif est confié à un magistrat civil, qui reçoit le titre de Président de la République.

Art. 130. — Le Président de la République doit être Français de naissance, âgé de trente ans au moins, et n'appartenir à aucune des familles qui ont régné sur la France.

Art. 131. — Le Président de la République est élu pour quatre ans, au scrutin secret et à la majorité absolue, par tous les conseillers municipaux du pays, maires et adjoints compris, réunis à cet effet soit au chef-lieu de leurs cantons respectifs, soit dans tout autre lieu désigné par le Conseil général, sous la présidence du maire de la localité.

Il ne peut être réélu qu'après un intervalle de quatre années.

Art. 132. — Si aucun des candidats n'a obtenu la majorité absolue des conseillers municipaux en exercice, le Sénat et la Chambre des députés, réunis en Parlement national, choisissent le Président, à la majorité absolue des votants, parmi les trois candidats qui auront obtenu le plus de voix.

Art. 133. — En cas de décès, de démission, ou de condamnation par la Haute Cour de justice du Président de la République, la vacance du siége présidentiel est remplie par le président du Sénat jusqu'à l'élection régulière d'un autre Président.

Art. 134. — Cette élection régulière a lieu, de droit, le premier dimanche du mois de mai. Elle peut être avancée exceptionnellement par une décision du pouvoir législatif, mais la durée légale de la présidence anticipée ne commence qu'à la date de ce premier dimanche.

Art. 135. — Le Président de la République n'est que l'exécuteur de la loi et le gardien de la paix publique. Toute initiative législative lui est interdite, à l'exception de la présentation des lois de finances et des traités avec l'étranger.

Il ne peut exercer aucun commandement militaire.

Il ne peut ni suspendre l'application d'un acte du pouvoir législatif, ni intervenir dans l'administration communale et départementale, à moins qu'il n'y soit autorisé par une décision des juges compétents.

Il exerce le pouvoir exécutif avec le concours de plusieurs ministres, dont le contre-seing est nécessaire à la validité de ses actes.

Il promulgue les lois dans le délai *maximum* de trois jours.

Art. 136. — Le Président de la République nomme et révoque les ministres ; il nomme les agents diplomatiques et consulaires de la France à l'étranger, sous la réserve de l'approbation du Sénat.

Il nomme les gouverneurs de province et tous les autres agents de l'administration centrale.

Il nomme les magistrats du parquet et les chefs militaires dont la nomination lui a été réservée.

Il commande à la gendarmerie et aux corps spéciaux institués par le pouvoir législatif.

Art. 137. — Il expose chaque année, dans un message adressé au Parlement national, la situation exacte des affaires de la République.

Art. 138. — Il a le droit de faire grâce, de commuer les peines prononcées par les tribunaux et de proclamer une amnistie ; mais il ne peut l'exercer que sur l'avis conforme de la Haute Cour de justice.

Art. 139. — Il exerce une surveillance générale sur les services militaires et sur l'instruction primaire communale.

Art. 140. — Le Président de la République ne peut avoir ni état-major, ni aide de camp, ni costume particulier.

Il ne peut accepter ni titre, ni pension de l'étranger.

Il est responsable de ses actes devant les tribunaux ordinaires pour toutes les atteintes à la loi pénale, et devant la Haute Cour pour toutes les violations flagrantes du pacte constitutionnel.

Art. 141. — Le pouvoir exécutif ne peut avoir ni police spéciale ni fonds secrets.

Tous ses actes doivent être publics.

Toute circulaire administrative non publiée au *Journal officiel* sera déférée aux tribunaux comme une manœuvre frauduleuse.

Les dépêches en chiffres ne sont autorisées que pour les relations extérieures et pour les communications militaires en temps de guerre.

Art. 142. — Le Président de la République réside à Paris.

Il lui est attribué, au début de sa magistrature, un traitement qui ne peut dépasser vingt mille francs par mois, frais de représentation compris.

Art. 143. — Les ministres sont responsables, au même titre que le Président de la République et les autres agents de l'administration publique, de tous les actes politiques et administratifs qu'ils auront signés, sans qu'aucun ordre du Président puisse amoindrir cette responsabilité.

Art. 144. — Toute déclaration mensongère portée à la tribune du Sénat ou de la Chambre des députés par un ministre, ou publiée dans un document officiel, sera poursuivie d'office comme une manœuvre frauduleuse.

Tout exposé financier dont les chiffres ne représenteront pas la véritable situation du budget de la République, sera assimilé à une falsification de livres de commerce (1).

Art. 145. — Les gouverneurs de province sont les intermédiaires du pouvoir exécutif central auprès des administrations provinciales.

(1) Il n'a pas été présenté depuis vingt ans un seul budget qui ne fût pas un roman de chiffres, et qui ne pût donner lieu à une poursuite pour banqueroute frauduleuse, si le code de commerce et le code pénal lui avaient été appliqués.

Ils veillent à l'exécution de la loi commune, président aux opérations relatives à l'armement national, transmettent au pouvoir exécutif les communications qui l'intéressent, provoquent la solution constitutionnelle des conflits entre les diverses administrations locales, mais ne peuvent figurer dans aucune de ces administrations, ni intervenir, sous aucun prétexte, dans leurs débats intérieurs.

Art. 146. — Le gouverneur de la province est entendu, quand il en fait la demande, soit dans le Conseil provincial, soit dans les Conseils généraux de sa circonscription ; mais aucune délibération ne peut être prise en sa présence.

SECTION III. — POUVOIR JUDICIAIRE.

Art. 147. — L'organisation judiciaire de la République se compose : d'une justice de paix dans chaque canton, d'un tribunal dans chaque chef-lieu de département et dans chaque arrondissement dont la population dépasse 60,000 âmes, d'une Cour de cassation et d'une Haute Cour de justice, tous issus de l'élection au second degré.

Elle a pour auxiliaires les magistrats du parquet nommés par le pouvoir exécutif, et pour moyens d'action la gendarmerie et les polices municipales.

Art. 148. — Les juges de paix sont élus pour quatre ans, par le vote au scrutin secret et à la majorité absolue de tous les conseillers municipaux du canton, sur une liste de proposition dressée par le conseil cantonal (1).

Dans les villes non divisées en cantons, les juges de paix d'arrondissement sont élus par le conseil municipal.

Art. 149. — Les juges des tribunaux d'arrondissement sont élus pour quatre ans par le conseil général du département sur une double liste de présentation dressée, la première par les tribunaux en exercice dans le département, et la seconde par les conseils cantonaux.

Dans les villes divisées en arrondissements, il y a autant de tribunaux que d'arrondissements, et leurs juges sont élus par le Conseil général, sur la double proposition du Conseil municipal et des tribunaux en exercice.

Art. 150. — Les membres de la Cour de cassation et de la Haute

____

(1) La Russie, qui nous donne depuis dix ans des exemples de libéralisme intérieur, fait nommer directement ses juges de paix par les principaux habitants du canton.

Cour de justice, y compris leurs procureurs généraux, sont élus par la Chambre des députés, sur la proposition du Sénat.

Art. 151. — Tous ces tribunaux s'organisent eux-mêmes et nomment leurs présidents et leurs vice-présidents, à l'exception de la Haute Cour de justice, dont le président est élu directement par le Parlement national.

Art. 152. — L'appel d'un jugement rendu par le juge de paix ou par le juge d'arrondissement, est porté au tribunal du chef-lieu du département.

L'appel d'un jugement du tribunal du chef-lieu du département, est porté au tribunal du chef-lieu d'un des départements limitrophes désignés par le sort.

Les cours d'appel sont supprimées.

Art. 153. — Les débats sont publics, à moins que la publicité ne soit jugée dangereuse pour les mœurs, ce que le tribunal déclare par un jugement.

Art. 154. — Le jury est appliqué en matière criminelle. Un juge du tribunal du chef-lieu préside les assises du département.

Art. 155. — Les tribunaux de commerce et d'industrie conservent leur organisation et leurs attributions actuelles jusqu'à ce qu'il y ait été dérogé par une loi.

Art. 156. — Le traitement du juge de paix est à la charge du canton, celui du juge d'arrondissement à la charge du département.

Les Cours supérieures et le ministère public figurent au budget de l'État.

Art. 157. — La Cour de cassation ne prononce que sur l'application des formes protectrices de la justice. Aucune question d'interprétation ou de contentieux ne lui est soumise.

Deux avocats généraux désignés par son président défendent d'office, et sans frais, toutes les causes civiles et criminelles dont elle est saisie.

Art. 158. — La Haute Cour de justice est le tribunal suprême de la République, l'interprète souverain de la Constitution et des lois, et le recours de tous les conflits administratifs et judiciaires.

Elle juge sans appel les crimes de haute trahison et toutes les violations du pacte constitutionnel commises par les pouvoirs publics.

Elle détermine, par des arrêts motivés, les droits respectifs de la commune, du département et de l'État.

Elle prononce en dernier ressort dans toutes les contestations judiciaires sur les points de droit.

Elle donne son avis sur les recours en grâce, les commutations de peine et les propositions d'amnistie.

Deux avocats généraux, choisis par son président, défendent d'office et sans frais toutes les causes civiles et criminelles dont elle est saisie.

Art. 159. — La Haute Cour de justice se compose d'un président, de douze membres et d'un procureur général, personnellement élus par le pouvoir législatif, et du nombre de magistrats auxiliaires jugé nécessaire à l'instruction et à la poursuite des affaires, et choisis par le procureur général.

Elle se constitue elle-même en deux chambres, l'une criminelle, l'autre contentieuse, qui élisent chacune leur président particulier.

Art. 160. — Tous les membres de la Cour de cassation et de la Haute Cour sont élus pour dix ans et sont indéfiniment rééligibles.

Il est pourvu à chaque vacance d'un de leurs siéges conformément aux articles 123 et 124 de la présente Constitution.

Les dix années de fonction de chacun de leurs membres datent du jour de son élection.

Art. 161. — Le président de Haute Cour de justice prend rang immédiatement après le président de la République.

Tous les parquets et toutes les autorités civiles et militaires lui doivent obéissance dans les limites de ses attributions.

Il est indépendant de l'autorité administrative du ministère de la justice.

Art. 162. — La Haute Cour prononce seule dans les cas de conflits administratifs et judiciaires.

Elle est assistée d'un grand jury pour juger les crimes de haute trahison et les violations du pacte constitutionnel.

Art. 163. — Le grand jury de la Haute Cour se compose de vingt-un jurés tirés au sort sur une délégation départementale de trente conseillers généraux, élus par leurs collègues, à raison d'un conseiller général pour chaque département de France et d'Algérie désigné à cet effet.

La désignation des trente départements sera faite par la voix du sort, et signifiée par le président de la Haute Cour dix jours avant l'ouverture de la session.

Les neuf conseillers généraux non désignés par le sort, serviront de jurés supplémentaires pour le cas de mort ou de tout autre empêchement des jurés titulaires.

Aucune récusation ne peut être exercée contre les membres du grand jury de la Haute Cour.

Une indemnité égale à celle des députés et des sénateurs est

accordée à chacun de ses membres et de leurs suppléants pendant
la durée de leurs fonctions de juré.

Art. 164. — Il est institué, sous la haute direction du président
de la Haute Cour, une Commission permanente de Codification,
chargée de mettre toute notre législation civile, criminelle et commerciale, en harmonie avec les principes de la présente Constitution, et de présenter au pouvoir législatif les lois d'abrogation ou
de refonte destinées à simplifier cette législation (1).

Art. 165. — La Commission de Codification se compose de douze
membres, élus comme ceux de la Haute Cour, mais à vie, par la
Chambre des députés, sur la présentation du Sénat.

Art. 166. — Aucun règlement d'administration publique n'est
valable qu'après avoir été approuvé par la Commission de
Codification.

Art. 167. — La justice est gratuite. Aucune exigence fiscale et
aucun intermédiaire salarié ne peuvent être imposés au citoyen
qui la réclame.

Les droits d'enregistrement et de timbre sont supprimés pour
tous les actes réclamés par l'action de la justice. Ils sont rem-
placés par un droit fixe de cinq centimes pour chacune des pièces
nécessaires.

Art. 168. — Tout citoyen, accusé ou plaignant, peut défendre
lui-même sa cause ou la faire défendre par qui bon lui semble.

Tous les priviléges du barreau, des avoués et des agréés sont
abolis.

(1) Je ne crois pas exagérer, en posant en principe que les dix-neuf
vingtièmes de notre fatras juridique doivent aller rejoindre dans les cata-
combes de la sottise, de la fourberie ou de la scélératesse humaine, les
formidables in-folio de la théologie scolastique qui ont courbé tant de
générations sous le joug de la plus inepte oppression. Ce fatras se compose
de plusieurs millions d'articles que, par une inqualifiable fiction, nous
sommes tous censés connaître, et sur lesquels il n'y a peut-être pas deux
mille dispositions à conserver. Des codes entiers doivent disparaître qui
sont de véritables codes de barbarie morale : code militaire, code colonial,
code maritime, code de police, code de la presse et de l'association, tout
le code socialiste de l'Algérie, témoignage unique dans le monde de l'a-
berration continue de nos gouvernements centralisateurs et militaristes,
sans compter l'énorme arsenal du droit administratif, d'où sont sorties
tant d'iniquités impunies. Les cinq codes eux-mêmes ont besoin d'une
refonte complète; et l'œuvre de la Commission de Codification, si elle est
bien comprise, sera la plus grande création du siècle et le point de dé-
part d'une ère nouvelle, même pour nos relations internationales.

Une loi sera présentée dans la première session législative pour 'abolition de la vénalité des offices ministériels.

Art. 169. — La défense est libre. Elle ne peut être ni limitée ni entravée par le caprice ou par la prévention du juge.

Tous les prévenus, quels que soient leur rang et leur position, doivent être traités avec les mêmes égards.

L'attitude inconvenante d'un juge vis-à-vis d'un prévenu ou d'une partie civile, est un motif déterminant de cassation du jugement rendu.

Art. 170. — Toute diffamation, étrangère à la cause ou touchant à la vie intime d'une partie, est également interdite au ministère public et aux défenseurs.

Art. 171. — L'instruction secrète est abolie.

Un prévenu ne peut être interrogé qu'en présence du défenseur ou du témoin qu'il aura choisi.

Art. 172. — Le ministère public doit poursuivre d'office, sans aucune considération de position officielle ou sociale, toutes les fraudes civiles ou religieuses qui lui sont signalées, toutes les manœuvres financières contraires à la loyauté stricte, toutes les falsifications commerciales ou industrielles assimilables au vol ou à l'empoisonnement, et tous les scandales publics qui outragent le sens moral (1).

(1) C'est aux parquets de l'Empire que remonte en grande partie la responsabilité des désastres financiers, dont les derniers échos retentissent encore au Palais. Tous les forbans qui, à l'aide du mutisme forcé de la presse et de la complicité des favoris du pouvoir, ont dévoré plus de trois milliards de l'épargne nationale, avaient été, dès le début de leurs opérations, l'objet de plaintes nombreuses, qui, prises en sérieuse considération, pouvaient sauvegarder tous les intérêts et purifier l'atmosphère parisienne. Le ministère public n'en a presque jamais tenu compte. Il n'a agi, du moins, que lorsqu'il n'a pu faire autrement ; et le monde a assisté pendant dix-huit ans au spectacle inouï d'un brigandage industriel et financier, connu de tous, organisé en plein soleil, dans des proportions qui épouvantent l'imagination, sans qu'il y eût contre lui d'autre recours qu'une dépense énorme pour un résultat illusoire.

Il est vrai qu'une fois la catastrophe accomplie, on pouvait espérer un jugement quelconque contre les plus compromis de ses auteurs. Mais à quoi servait ce jugement, qui n'atteignait pas toujours les vrais coupables et qui n'atteignait jamais les plus hauts bénéficiaires, quand des centaines de millions avaient disparu dans un gouffre mystérieux ? Nous ne payons pas la justice pour faire de l'art pour l'art. Nous ne la payons pas surtout pour contribuer à ruiner ses justiciables. C'est l'intérêt de ses justiciables qui seul justifie son institution ; et plus d'un s'est déjà demandé, en présence de ce qui se passe depuis vingt ans, s'il ne vaudrait pas mieux qu'il n'y eût ni tribunaux, ni magistrats, ni législation positive, et que la loi de

Art. 173. — Les fonctions du ministère public et celles de juge d'instruction sont annuelles.

Art. 174. — Aucune considération de respect pour la chose jugée ne peut motiver le maintien d'un déni de justice.

Toute erreur judiciaire reconnue et constatée par un jugement, devra être solennellement réparée par une déclaration publique affichée dans toutes les communes de France, et par des dommages-intérêts suffisants pour assurer à la victime de cette erreur une large compensation des souffrances subies et des années perdues.

Dans le cas où la révision du procès ferait remonter la responsabilité de l'erreur à la forfaiture ou à la négligence d'un magistrat,

Lynch présidât seule, pendant six mois au moins, à l'œuvre de justice sociale que réclame la conscience du pays.

J'ai été moi-même, dans une circonstance capitale et irréparable, la victime de ces procédés de judicature, qui en Russie même seraient impitoyablement châtiés. Concessionnaire privilégié d'une des plus grandes entreprises du siècle, le percement de l'isthme américain, je m'étais vu enlever, par la trahison d'un mandataire, tous mes titres personnels et tous les résultats de mes travaux. Je crus qu'une pareille spoliation, la plus monumentale peut-être de notre époque, compliquée d'ailleurs d'abus de confiance, de soustractions de pièces et de faux en écritures publiques, et dans laquelle se trouvaient engagés des millions en même temps qu'un grand intérêt national, méritait l'attention de la justice. Le parquet impérial auquel je m'adressai n'en jugea pas ainsi. La moindre enquête lui aurait appris que le chef de la bande noire qui s'était emparé de mon bien, était un aventurier sans foi ni loi, ancien pensionnaire de Clervaux, plusieurs fois condamné pour vols et escroqueries, et il en aurait conclu que des traités solennels, des études techniques de premier ordre et une immense opération internationale ne pouvaient pas rester une heure à la merci d'un pareil misérable. Il ne daigna pas même m'accuser réception de ma plainte. L'aventurier, qui s'était associé à un ancien ministre plénipotentiaire, poursuivit dans les deux mondes son œuvre de faussaire, à l'abri de cette complicité morale, contre laquelle tous mes efforts étaient impuissants ; et lorsque, quatre ans plus tard, un jugement civil, obtenu presque par miracle, vint renverser, par une condamnation inattendue, tout cet échafaudage de mensonge et de banditisme, il était trop tard. Un capital énorme était perdu. La grande entreprise à laquelle j'avais consacré dix ans de ma vie avait sombré sous les coups de ces criminels exploiteurs. L'Amérique du Nord allait hériter des travaux, des études, des traités et des priviléges extraordinaires que j'avais obtenus pour mon pays ; et, malgré le jugement civil qui le condamnait, l'impunité la plus complète était acquise au principal auteur de cet immense désastre, qui jouit encore aujourd'hui de la possession entière de mes titres et de mes études, aussi bien que de la fortune acquise par ses exploits de grand chemin.

Voilà à quoi sert la justice autoritaire et irresponsable, telle qu'elle est organisée en France, quand elle ne sert pas à étouffer toutes les manifestations légitimes de l'opinion et à préparer des révolutions vengeresses.

ce magistrat sera déclaré incapable d'occuper désormais des fonctions publiques, sans préjudice des autres peines qu'il aura encourues.

ART. 175. — Aucune inviolabilité particulière ne protége les décisions judiciaires contre les manifestations légales de l'opinion publique.

ART. 176. — En cas de doute sur l'interprétation d'un texte quelconque d'un acte législatif, le doute est en faveur de la liberté individuelle et de la liberté locale contre les prétentions de l'autorité supérieure.

TITRE V.

Garanties de la sûreté et de l'ordre publics.

ART. 177. — Le maintien de l'ordre matériel et l'exécution des lois et des arrêtés de police et de moralité publique, sont confiés au patriotisme et à la sagesse de chaque citoyen.

Nul ne peut se soustraire au devoir d'empêcher le mal dans la mesure du possible, et de prêter main-forte à l'autorité pour arrêter les perturbateurs de l'ordre public.

ART. 178. — Toute attaque à main armée des pouvoirs créés par la présente Constitution détermine, par le fait même, la mise hors la loi de ses auteurs et de ses complices, et rend à chaque citoyen le droit de justice sommaire, toujours légitime pour la répression des actes de brigandage.

ART. 179. — Tout Français est tenu au service militaire (1), sans que sa carrière civile en soit entravée, en temps de paix, et sans cesser de jouir de tous les droits de citoyen, si ce n'est sous les armes et devant l'ennemi.

ART. 180. — L'armée nationale, essentiellement défensive, se compose de tous les Français valides âgés de 18 à 48 ans, non enrôlés dans la gendarmerie ou dans les corps spéciaux. Elle se divise en garde mobile et en garde nationale sédentaire.

Tout citoyen qui, pour cause d'incapacité légale, ne sera pas porté sur les listes électorales ne pourra faire partie de l'armée nationale.

ART. 181. — Chaque citoyen admis sur les contrôles de l'ar-

______
(1) Art. 18 de la Constitution Suisse.

mée nationale reçoit gratuitement un premier uniforme complet et tous les effets d'armement et d'équipement nécessaires à son service.

Il est responsable du bon entretien de ses armes et de son équipement, et doit renouveler son habillement en temps opportun et à ses frais, à moins qu'il n'en ait été décidé autrement par le conseil de discipline de sa compagnie.

Art. 182. — Une loi générale déterminera l'organisation de l'armée par groupes régionaux, en prenant, autant que le comportera la population, la commune pour cadre de la compagnie, l'arrondissement pour unité tactique, le département pour unité administrative, et la province pour unité de commandement.

Elle fixera le costume uniforme, le plus simple possible, de l'infanterie, de la cavalerie, de l'artillerie et du génie (1).

Elle fixera le *minimum* de l'armement et des approvisionnements régionaux, et posera les règles des appels de contingents dans les deux cas de troubles intérieurs et de guerre nationale.

Elle ne peut, en aucun cas, porter obstacle aux associations libres de francs-tireurs qui auront fait la déclaration légale de leurs statuts et fourni la liste de leur personnel.

Art. 183. — Le personnel des officiers et des sous-officiers, jusqu'au grade de capitaine, se recrute par l'élection, après des concours publics. Les officiers supérieurs sont élus par les officiers subalternes. Les commandants de département et de province sont choisis par le pouvoir exécutif, sur une liste de présentation dressée, dans le premier cas, par le Conseil général, et dans le second, par le Conseil provincial.

Les généraux en chef ne sont nommés qu'en cas de guerre, sous la seule responsabilité du pouvoir exécutif.

Art. 184. — L'administration du personnel et du matériel de la

---

(1) Tout le monde croyait, lors de la dernière guerre, que l'épaulette était définitivement condamnée. On avait compté sans la vanité militaire, ce triste et dernier reste de la pose théâtrale de notre ancienne noblesse de cour, dont les dentelles et les rubans constituaient tout le mérite. L'épaulette a donc reparu plus fringante et plus tapageuse que jamais, et cependant, elle n'a pas d'autre utilité que celle de grever le budget de nos officiers. Elle détruit les lignes harmonieuses du buste humain et gêne tous les mouvements de ceux qui la portent. Elle a été abandonnée depuis longtemps par l'Angleterre, l'Italie, l'Espagne, l'Autriche, les États-Unis et tous les peuples sensés, pour tomber, de chute en chute, jusque sur les épaules grotesques des princes et des généraux d'opéra-comique de l'Orient et sur celles des suisses de cathédrale. Le siége de Paris avait donné naissance à un costume militaire d'une élégante simplicité, qui avait obtenu l'assentiment général. Pourquoi ne s'y est-on pas tenu ?

guerre appartient au département, sous le contrôle du gouverneur de la province.

Les approvisionnements jugés nécessaires ne peuvent être demandés qu'au commerce, par voie d'adjudication.

L'intendance militaire et tous les services qui en dépendent sont supprimés.

Art. 185. — La confection de l'équipement, de l'habillement et des autres fournitures militaires est rendue à l'industrie privée.

La fabrication des armes, de la poudre et de toute autre espèce d'engins de destruction est libre.

Toutes les servitudes militaires qui pèsent sur les villes de l'intérieur sont abolies.

Art. 186. — L'armée nationale n'est mise sous les ordres directs du pouvoir exécutif qu'en cas d'invasion du territoire.

Ses chefs sont toujours subordonnés à l'autorité civile.

Art. 187. — En cas de troubles intérieurs, l'autorité locale réclame elle-même au département ou à la province le contingent dont elle croit avoir besoin. Ce contingent n'agit que sous sa direction.

Art. 188. — L'armée nationale n'est payée qu'en cas d'appel pour un service intérieur ou pour celui de la défense nationale, et pendant la durée de ce service.

Tout contingent appelé est soumis à la discipline militaire.

Aucun corps armé ne peut délibérer.

Art. 189. — Aucune troupe spéciale, soldée et permanente, ne peut être employée pour maintenir l'ordre à l'intérieur.

Art. 190. — Tout attroupement armé est un attentat contre la Constitution.

Il doit être dissipé par la force après les sommations légales.

Si cet attroupement est le résultat d'un complot, il constitue le crime de haute trahison.

Art. 191. — Il ne peut être conclu de capitulation militaire (1).

---

(1) Art. 11 de la Constitution Suisse.

Comme on le voit, c'est au système Suisse, appliqué à l'organisation de la France, que nous avons emprunté les principales dispositions du nôtre. La vérité est que ce système n'est ni Suisse ni Français, il est naturel; il s'impose à tout peuple qui ne veut attaquer personne, mais qui veut être invincible chez lui, sans tarir la source de sa fortune, de sa virilité et de ses vertus essentielles, et sans courir le risque des coups de main de la force; car c'est le seul qui soit conciliable avec la souveraineté nationale et le suffrage universel, avec les exigences régulières de la vie civile et le véritable ordre moral.

Tous les autres rappellent plus ou moins l'esclavage antique, et aboutissent inévitablement au prétorianisme. Leur maintien est le plus grand fléau du monde moderne.

La République ne fait pas la paix avec un ennemi qui occupe son territoire.

Art. 192. — La théorie militaire, le maniement des armes et les connaissances générales du génie et de l'artillerie font partie de l'enseignement obligatoire des écoles primaires et des écoles secondaires.

Art. 193. — La République a le droit de renvoyer de son territoire les étrangers qui compromettent sa sûreté intérieure ou extérieure (1).

Aucun acte de naturalisation ne peut être accordé aux Allemands qui sont reconnus avoir porté les armes contre la France.

Tout étranger pris en flagrant délit ou convaincu d'espionnage est puni de mort.

Art. 194. — La France ne doit d'asile qu'aux victimes de la tyrannie et des violences politiques de l'étranger. Elle le refuse aux oppresseurs de leur pays et aux chefs de bandes couverts de crimes.

Art. 195. — Les dispositions des codes, lois et règlements existants, qui ne sont pas contraires à la présente Constitution, restent en vigueur jusqu'à ce qu'il y soit légalement dérogé.

On ne voit jamais de soldats en Suisse, ni sur le seuil des bâtiments publics, qui se gardent tout seuls, ni dans les mauvais lieux et les réunions de plaisir, ni le mousqueton au poing sur la voie publique. L'oisiveté corruptrice, que nous encourageons chez nous, est aussi inconnue chez ces républicains logiques que le dédain des porteurs de sabre pour la société qui travaille. Et cependant, tout Suisse de 17 ans est un soldat, et presque toujours un excellent tireur ; tous savent l'exercice et les manœuvres de bataillon depuis l'âge de dix ans. Tous peuvent entrer en ligne, du jour au lendemain, au premier signal de l'autorité. Cette nation de 2 millions 600,000 âmes, qui ne dépense que 7 millions et demi par an pour ses services militaires, est en réalité mieux organisée, mieux outillée et plus mobile que nous ne le sommes, après avoir englouti cent milliards dans le gouffre du militarisme. Le général Dufour avait déclaré à l'Empereur, il y a trois ans, que, s'il voulait violer le territoire de la Suisse, il trouverait 200,000 hommes résolus pour l'arrêter au passage. 36 heures après la déclaration de guerre du 15 juillet, cinq divisions, composées de 37,428 hommes, 3,537 chevaux et 66 pièces de canon, étaient rassemblées et marchaient sur le Rhin pour le garder. Aucun ordre n'avait encore été donné ni à Paris ni à Berlin, que la Suisse entière était debout, sans une seule non-valeur dans ses rangs et avec d'admirables officiers à sa tête.

Voilà l'exemple décisif qui ne laisse plus d'excuse aux routiniers des armées permanentes, à moins qu'on ne veuille en faire éternellement un instrument de régne et l'*ultima ratio* du bon plaisir, pour l'éternel abrutissement de notre malheureux pays.

(1) Art. 57 de la Constitution Suisse.

Toutes celles qui lui sont contraires sont formellement abrogées.

Art. 196. — Cette Constitution peut être revisée, dans ses dispositions de détail, par des lois ordinaires rendues dans les formes constitutionnelles, mais qui ne sont valables que si elles sont votées, dans leurs trois délibérations nécessaires, par les deux tiers des membres du Sénat et de la Chambre des députés.

Elle ne peut être revisée dans ses dispositions fondamentales.

Art. 197. — Le texte de la présente Constitution, les principes de la morale universelle et les articles essentiels du Code civil et du Code pénal, appliqués aux actes politiques et aux relations internationales, font partie de l'enseignement obligatoire des écoles primaires et des écoles secondaires (1).

TITRE VI.

Dispositions transitoires.

Art. 198. — Aussitôt que le pouvoir législatif aura procédé à l'élection des membres de la Haute Cour de justice, cette Haute Cour sera convoquée extraordinairement, pour juger en assises successives dont les jurés seront renouvelés :

1° Les auteurs et complices du coup d'État du 2 Décembre 1851 et de toutes les forfaitures qui l'ont suivi ;

2° Les auteurs et complices du pillage des caisses publiques et des dilapidations commises dans les services publics pendant toute la durée de l'Empire ;

(1) La sécurité nationale et la paix du monde seront assurées le jour où il sera entré dans la tête de chaque citoyen, français ou étranger, que l'assassinat, le pillage, l'incendie et le vol à main armée sont des crimes dignes de mort, quels que soient le rang et le titre de celui qui les ordonne et de ceux qui les exécutent, et quel que soit le prétexte mis en avant pour les justifier ; que, s'il y a des échafauds pour les Dumolard et les Troppmann, il doit y en avoir, à plus forte raison, pour les monstres couronnés et leurs séides ; que les travaux forcés réclament plus encore les ministres infidèles et les juges prévaricateurs que les criminels de bas étage ; qu'une imposture volontaire portée à la tribune ou inscrite dans un document officiel est un faux en écriture publique ; qu'un virement financier est un détournement, et qu'un déficit budgétaire produit par des dépenses non autorisées est une banqueroute frauduleuse ; que la violation d'un mandat formel emporte de droit sa révocation ; que tout acte politique, enfin, engage la responsabilité civile et criminelle de son auteur, mille fois plus rigoureusement qu'un acte civil ou commercial, et qu'il faut ouvrir à deux battans les prisons et les bagnes, si les tigres humains et les malfaiteurs les plus pervers et les plus redoutables doivent rester impunis.

3° Les auteurs et complices de l'expédition du Mexique et des déclarations officielles relatives à l'emprunt mexicain ;

4° Les auteurs et complices de la guerre de 1870, des manœuvres et des violences policières qui ont empêché les manifestations pacifiques de l'opinion, et des trahisons et capitulations successives qui ont causé les désastres de la patrie.

Art. 199. — Le principe de la responsabilité civile inscrit dans l'art. 1382 du Code civil (1), entraînera de droit le séquestre immédiat de tous les biens, meubles et immeubles, des individus compris dans les catégories ci-dessus, sans en excepter ceux dont la complicité ne s'est traduite que par un vote, et sans préjudice de la responsabilité criminelle qu'ils auront encourue.

Art. 200. — Une liquidation complète du personnel (2) et du matériel inutile de la guerre, de la marine et des autres administrations publiques aura lieu dans l'année qui suivra l'adoption de la présente Constitution.

Art. 201. — Le matériel militaire en bon état sera distribué, dans les trois premiers mois, aux départements et aux arrondissements, au prorata de la population, pour l'armement immédiat de tous les citoyens faisant partie de l'armée nationale, après prélèvement du matériel jugé nécessaire pour les places fortes, la gendarmerie et les corps spéciaux.

Art. 202. — Il ne sera conservé, du matériel naval, que l'armement des ports et le nombre des bâtiments nécessaires à la sécurité de nos côtes et de nos colonies, ainsi que les navires de transport destinés aux services généraux de la marine (3).

---

(1) Ce principe a été appliqué au renversement de la colonne Vendôme ; il doit atteindre tous les grands coupables dont l'impunité est le crime irrémissible du 4 Septembre.

(2) L'Empire Chinois, peuplé de 450 millions d'habitants, ne compte que 12,000 fonctionnaires. Nous en avons près d'un million. Tout le secret de nos abaissements est dans ce chiffre monstrueux. Il n'y a pas de budget, pas de réforme, pas d'ordre moral, pas de calme dans les esprits, pas de peuple libre, pas de civilisation possible avec ce vampirisme universel. C'est le fléau que nous supprimerons ou qui nous emportera. Il a tué l'Algérie et les colonies ; il étouffe depuis soixante ans les dix-neuf vingtièmes de notre activité nationale ; il a fait de nous le dernier des peuples sur tous les points essentiels de la virilité publique. Ce n'est pas une simple réforme qu'il faut à une pareille gangrène, c'est l'opération la plus radicale. Il y a des administrations entières qui doivent disparaître, à commencer par celle de la guerre, telle qu'elle est organisée, tout en gardant cependant, dans l'application du principe, les ménagements réclamés par la justice et par l'humanité.

(3) Il faut surtout renoncer sans retour à cette folie aiguë des navires cuirassés qui dévorent les millions sans compter, que chaque progrès de

Art. 203. — Le fait d'avoir fait partie d'une administration publique, civile ou militaire, ne crée aucun droit, en dehors du titre à la pension de retraite, dans les conditions fixées par la loi.

La seule obligation de l'État, en supprimant les emplois inutiles au préjudice de leurs titulaires, est de leur restituer les retenues opérées sur leurs traitements, avec les intérêts proportionnels qu'elles devaient produire.

Vingt ans de service militaire ou judiciaire donnent droit, par exception, à une retraite proportionnelle.

Art. 204. — Un crédit spécial sera appliqué à doter de pensions viagères les vieux ministres de tous les cultes salariés, dont la conduite n'aura provoqué aucune plainte sérieuse, et les autres fonctionnaires déplacés dont la position aura été signalée comme digne d'intérêt par les conseils municipaux de leur commune.

Art. 205. — Il sera procédé, dans le délai *maximum* de deux ans, à la vente aux enchères, par lots, de tous les biens meubles et immeubles qui composent le domaine de l'État, pour leur produit être appliqué à l'amortissement de la dette publique (1).

Seront exceptés de cette vente les palais et bâtiments nécessaires aux services publics et les forêts domaniales situées sur les hauteurs ou sur les pentes des montagnes, dont la conservation sera déclarée d'utilité publique.

Il sera procédé, dans le même délai et au profit du même amortissement, à la vente des diamants de la couronne et de tous les objets mobiliers des anciennes monarchies, inutiles à l'institution républicaine, à l'exception des objets d'art jugés dignes de figurer dans les collections publiques.

Art. 206. — L'Assemblée Constituante défère la présente Cons-

---

la science rend insuffisants, et qui n'ont pas même pu entrer dans la Baltique en 1870, tandis que dix corsaires improvisés auraient brûlé Kiel, Dantzig et Kœnisberg, coulé cent navires prussiens et retenu cent mille hommes au delà de l'Elbe. Tout ce que l'État fait depuis quarante ans semble n'avoir pour but que d'engloutir des milliards pour aboutir à un désastre sans précédent. Il n'y a pas, dans l'histoire, de banqueroute plus formidable et de leçon plus terrible contre les armées permanentes que celle de nos deux départements de la guerre et de la marine, épuisant le plus pur de notre sang et la fortune de vingt États, pour ajouter à nos annales héroïques Sedan et Metz.

(1) La liquidation complète de ces domaines publics et des autres valeurs de l'État permettrait de réduire l'impôt de 3 à 400 millions, et de faire rentrer dans la circulation et sous l'empire du droit commun de véritables mainmortes dont la régie privilégiée est un fléau social. Il n'y a que des intérêts d'un égoïsme criminel qui puissent s'opposer à cette liquidation productive.

titution à l'acceptation des Conseils généraux, qui sont convoqués à cet effet pour le   prochain.

Les Conseils généraux ne peuvent voter que sur l'ensemble de la loi par *oui* ou par *non*, les dispositions de détail qui soulèveraient des oppositions pouvant être déférées au prochain pouvoir législatif, autorisé à les résoudre dans les conditions déterminées par l'art. 196.

Art. 207. — Aussitôt que le vote de la majorité des Conseils généraux aura ratifié la présente Constitution, elle sera promulguée par le pouvoir exécutif et affichée dans toutes les communes de France.

Dans la même semaine, l'Assemblée Constituante prononcera sa propre dissolution, et convoquera les électeurs pour élire successivement le président de la République et le Parlement national.

Les administrations municipales et départementales entreront immédiatement en pleine jouissance de leurs nouvelles attributions, et elles procéderont, avant toute délibération spéciale, à leur propre organisation et à l'élection des magistrats qui relèvent de leur vote.

Art. 208. — Le premier Parlement national, élu en vertu de la présente Constitution, livrera immédiatement à l'étude des commissions spéciales :

La loi de l'armement général et de l'organisation militaire du pays ;

La loi des attributions judiciaires dans le sens de l'extension des attributions des juges de paix et de l'introduction du jury dans les causes civiles ;

La loi portant abolition de la vénalité des offices ;

Et la loi de l'instruction primaire, laïque, gratuite et obligatoire.

Art. 209. — La législation devra être ramenée aux principes de la présente Constitution dans le délai *maximum* d'un an, à dater de la nomination de la Commission de Codification.

Tableau de la composition des 16 provinces de la France, constitué par l'article 18 de la présente Constitution (1).

1° La Flandre française, chef-lieu Arras.

Composées des		Populations.
Départ. Somme.	557,015	
— Pas-de-Calais.	761,158	2,765,937
— Nord.	1,447,764	

2° La Normandie, chef-lieu Caen.

Départ. Seine-Inférieure.	790,022	
— Eure.	377,874	
— Orne.	398,250	2,564,934
— Calvados.	454,012	
— Manche.	544,776	

3° L'Ile-de-France, chef-lieu Paris.

Départ. Seine.	2,220,060	
— Oise.	396,804	
— Seine-et-Oise.	580,080	3,538,434
— Seine-et-Marne.	341,490	

4° La Touraine, chef-lieu Tours.

Départ. Loiret.	353,021	
— Eure-et-Loir.	282,622	
— Loir-et-Cher.	268,801	
— Indre-et-Loire.	317,027	2,537,182
— Sarthe.	446,603	
— Maine-et-Loire.	518,471	
— Mayenne.	350,637	

5° La Bretagne, chef-lieu Rennes.

Départ. Ille-et-Vilaine.	589,532	
— Loire-Inférieure.	602,206	
— Morbihan.	490,352	2,947,348
— Côtes-du-Nord.	622,295	
— Finistère.	642,963	

(1) Les chiffres de la population sont ceux du recensement de 1872, à l'exception de ceux des départements cédés à l'Allemagne, qui ne sont qu'approximatifs.

6° **La Champagne**, chef-lieu **Châlons-sur-Marne**.

Composées des		Populations.
Départ. Aisne.	552,439	
— Ardennes.	320,217	
— Marne.	386,157	1,765,696
— Aube.	255,687	
— Haute-Marne.	251,196	

7° **La Lorraine**, chef-lieu **Nancy**.

Départ. Meuse.	284,725	
— Moselle.	446,000	
— Meurthe.	429,000	2,646,713
— Vosges.	392,988	
— Haut-Rhin.	516,000	
— Bas-Rhin.	578,000	

8° **La Bourgogne**, chef-lieu **Dijon**.

Départ. Yonne.	263,608	
— Nièvre.	339,917	
— Côte-d'Or.	374,510	
— Saône-et-Loire.	598,344	2,458,352
— Haute-Saône.	303,088	
— Doubs.	291,251	
— Jura.	287,634	

9° **Le Dauphiné**, chef-lieu **Lyon**.

Départ. Rhône.	670,247	
— Loire.	550,611	
— Ain.	363,290	2,700,917
— Isère.	575,784	
— Haute-Savoie.	273,027	
— Savoie.	267,958	

10° **L'Auvergne**, chef-lieu **Bourges**.

Départ. Cher.	335,392	
— Indre.	277,693	
— Allier.	390,812	
— Creuse.	274,663	2,470,216
— Puy-de-Dôme.	566,463	
— Haute-Vienne.	322,447	
— Corrèze.	302,746	

11° **Le Poitou**, chef-lieu **Poitiers**.

Départ. Vienne.	320,598	
— Deux-Sèvres.	331,243	
— Vendée.	401,446	1,786,460
— Charente.	267,520	
— Charente-Inférieure.	465,653	

12° La Guyenne, chef-lieu Bordeaux.

Composées des   Populations.

Départ. Gironde.	705,149	
— Dordogne.	480,144	
— Gers.	284,717	
— Lot-et-Garonne.	319,289	2,751,683
— Landes.	300,528	
— Hautes-Pyrénées.	235,156	
— Basses-Pyrénées.	426,700	

13° Le Languedoc, chef-lieu Toulouse.

Départ. Haute-Garonne.	479,362	
— Tarn-et-Garonne.	221,610	
— Tarn.	327,718	
— Hérault.	429,878	2,180,649
— Aude.	285,927	
— Ariége.	246,298	
— Pyrénées-Orientales.	191,856	

14° Les Cevennes, chef-lieu Rodez.

Départ. Cantal.	231,867	
— Lozère.	135,190	
— Ardèche.	380,277	
— Gard.	420,131	2,060,075
— Lot.	281,404	
— Aveyron.	402,474	
— Haute-Loire.	308,732	

15° La Provence, chef-lieu Aix.

Depart. Bouches-du-Rhône.	554,911	
— Vaucluse.	263,451	
— Drôme.	320,417	
— Var.	293,757	
— Alpes-Maritimes.	199,037	2,248,310
— Basses-Alpes.	139,332	
— Hautes-Alpes.	118,898	
— Corse.	358,517	

16° L'Algérie, chef-lieu Alger.

Départ. Alger.	Population européenne.	250,000	
— Oran.	Population indigène.	2,500,000	2,750,000
— Constantine.			

CONCLUSION.

Un dernier mot maintenant pour les esprits sincères qui n'ont pas une idée très-nette de la situation, ou que la peur de l'inconnu retient dans un immobilisme mortel.

Cette situation n'a de nom dans aucune langue. Elle se résume dans ce fait satanique : la loi supprimant la loi ; la légalité consacrant le bon plaisir. Elle nous rejette bien loin au delà de l'ancien régime qui, lui du moins, rencontrait des barrières dans l'indépendance des parlements et dans l'opinion publique, déjà souveraine. Elle a inauguré le droit public de l'excitation brutale à la guerre civile par ceux-là mêmes qui ont pour mandat de sauvegarder l'ordre et la paix. Elle nous mène droit à un cataclysme et à des représailles sans exemple, si le pays lui-même, représenté par ses organes légaux, ne l'arrête pas sur sa pente irrésistible.

Et qu'on ne croie pas que ce ne soit là qu'un accident, résultant du caractère ou de l'ambition sans frein de certains hommes. Le mal est dans l'organisation même que nous subissons depuis trois quarts de siècle. Il date du jour où le plus grand criminel des temps modernes, étouffant la Révolution qui l'avait grandi, fit, des constitutions et des lois destinées à protéger les peuples contre l'arbitraire, l'instrument même de sa dictature et la forteresse de son incommensurable égoïsme. Dès lors tout a été faussé dans les idées et les principes que deux siècles de discussion nous avaient légués. Un nouveau droit divin a surgi, mille fois plus abrutissant que l'ancien. Il a proclamé l'inviolabilité de tous les organes d'une administration dévorante et de tous les pouvoirs d'un État dont le favoritisme est l'unique ressort. Il a frappé, comme des attentats, les actes les plus légitimes et les plus honorables de la vie publique. Il a brisé tous les nobles caractères, enchaîné toutes les initiatives généreuses, proscrit tous les talents qui n'étaient pas doublés de servilisme ou de vénalité, enlevé à la province ses libertés traditionnelles, et créé ainsi, pour la France, une atmosphère d'avilissement et d'inquiétude universelle, sillonnée d'éclairs de colère, où les meilleurs citoyens n'entrevoient que des tempêtes.

Un publiciste de la Restauration qu'on a souvent comparé à Joseph de Maistre, M. de Bonald, a écrit quelque part : « Je ne sais pas ce que c'est que la vie d'un coquin ; je ne connais que celle d'un honnête homme, et c'est affreux. » M. de Bonald appartenait cependant à la classe privilégiée, pour laquelle tous les obstacles s'aplanissent et tous les pouvoirs s'humanisent. Il avait trouvé dans son berceau ce qui est ordinairement le but de la vie, l'indépendance. Il n'avait pas eu à lutter contre une société marâtre pour le pain quotidien, pour sa place au soleil, pour l'épanouissement de ses facultés et le triomphe de ses idées et de ses vues. Que pourrions-nous dire alors, nous qui supportons le poids du jour, de notre destinée commune, du grain de blé broyé par la meule sociale, de l'œuvre de Dieu systématiquement anéantie par des institutions dignes de l'enfer ? Il y a soixante ans que ces institutions condamnent tous ceux qui ne se vendent pas à la vie affreuse dont parle M. de Bonald, pour laisser libre carrière aux intrigants et aux fourbes, aux condottieri et aux bandits. Elles ont été successivement flétries par l'élite des esprits supérieurs et des honnêtes gens de notre époque. Des milliers d'hommes de génie sont morts désespérés de ne pouvoir s'affranchir de leurs entraves. Elles sont l'iniquité, le communisme et l'anarchie. Il n'y a que les ennemis du genre humain qui puissent les défendre et les maintenir.

« D'où viennent nos révolutions périodiques, disait hier encore « M. Raudot (1), l'affaiblissement des progrès de l'agriculture et « de la population, cette décadence absolue des énergies, des « dévouements, des caractères, cette pénurie d'hommes publics et « de vrais patriotes, et l'extension des rêveries du socialisme? « Pour moi, il n'y a pas l'ombre d'un doute. Tout cela vient, « avant tout, de la centralisation à outrance qui appauvrit, énerve « et étouffe la France. » Qu'en conclure, sinon qu'il faut prononcer contre elle le *delenda Carthago* du vieux Caton? « Quand le « monde n'aperçoit pas d'issue au bout des chemins frayés qu'il a « longtemps parcourus, il doit, sous peine de s'affaisser et de « périr, tenter une autre voie (2). »

Cette voie, c'est l'intervention du pays dans ses propres affaires

____

(1) Le *Correspondant* du 25 avril 1870.

(2) M. Ernest Desmarets, ancien bâtonnier de l'ordre des avocats. *Les États provinciaux*, 1868.

par une représentation libre, active et universelle, qui lui a toujours manqué. « La France n'est point représentée, écrivait déjà « Augustin Thierry en 1820. Une Chambre centrale siégeant à « Paris n'est point la représentation de la France ; elle en est, à la « vérité, une partie essentielle ; elle est la tête de la représentation : « elle n'est point la représentation tout entière. Pour être repré- « sentée, la France doit l'être à tous les degrés, dans tous ses « intérêts, sous tous ses aspects. *Pour être représentée, la France* « *devrait être couverte d'assemblées représentatives.* On devrait y « trouver la représentation des communes, la représentation des « villes, la représentation des petites parties, celle des grandes « parties du territoire ; et au-dessus de tout cela, pour couronne- « ment de l'édifice, la seule représentation qui existe aujourd'hui, « celle du pays tout entier, celle des grands et souverains intérêts « de la patrie, *plus généraux, mais non pas plus sacrés que les* « *intérêts des provinces, des départements, des cités et des com-* « *munes* (1). »

Tel a été précisément l'objectif du projet de Constitution qui précède. Écrit sans parti pris d'école, sans préoccupation de fédé- ralisme ou de tout autre système, avec l'unique souci du juste et du vrai, il n'a pas cependant la prétention d'avoir réalisé l'idéal de la sagesse humaine. Mais on me rendra cette justice que j'ai évité l'écueil des institutions nouvelles, en restant sur le terrain des faits acquis, de notre législation unitaire et de nos habitudes d'unifor- mité, et en greffant sur ce tronc national tous les *desiderata* des penseurs de notre temps, depuis Tocqueville jusqu'à M. Raudot. Je me suis efforcé surtout de laisser toujours le dernier mot au pays, et de ne rien livrer à l'arbitraire en subordonnant tout à un tribunal supérieur. C'était le bon plaisir qu'il fallait atteindre ; c'était la liberté qu'il fallait fonder. J'ai tenu largement compte de nos dernières expériences, et j'ai mesuré le vêtement à notre taille et la loi à nos besoins. Ses dispositions contestables peuvent être faci- lement modifiées. Il n'est aucune de ses dispositions essentielles qui ne soit déjà le droit commun de la plupart des États constitu- tionnels. Elles se résument dans le droit divin de la liberté, solu- tion suprême de toutes les difficultés politiques et économiques et principe unique de l'ordre moral.

Que le pays le veuille donc résolûment, et il rentrera sans secousses, sans révolution, sans essai aventureux, dans l'exercice complet de sa souveraineté et dans la voie féconde du droit. Aucune légalité de convention ne peut primer sa volonté

____

(1) *Dix ans d'études historiques,* 10ᵉ édition, p. 240.

vivante. « Au-dessus de toutes les constitutions et en dehors de
« toutes les formes, a dit Tocqueville, que personne n'accusera de
« démagogie, réside un pouvoir souverain, celui du peuple, qui les
« détruit ou les modifie à son gré. » La révolution serait la
négation de ce pouvoir, et l'obstacle violent mis à ses légitimes
manifestations. « Les révolutionnaires, disait, il y a quatre ans,
« M. Beulé (1), ce sont ceux qui sapent les bases d'un État régu-
« lier pour assurer leur usurpation, violent les lois, font de l'ar-
« mée un moyen d'oppression, du Sénat un instrument avili, du
« vote libre un mensonge, de la multitude un troupeau merce-
« naire, et font pénétrer jusqu'au cœur de la nation la corruption,
« le sommeil et l'oubli d'elle-même. » C'est donc surtout aux
conservateurs qu'il appartient de revendiquer la pleine possession
du *self government*, et d'employer, sans relâche, pour l'obtenir, les
deux grands instruments du suffrage universel et du Code pénal.
Le moment est solennel. Tout est en question dans ce qui a été
jusqu'ici la loi morale aussi bien que la garantie des intérêts.
« Élevons dans nos lois et dans nos âmes des barrières et des
« forts inviolables contre toute tyrannie, soit d'ancienne, soit
« de nouvelle forme, soit d'ancienne, soit de nouvelle date (2). »
Et puisque, pour détruire une nouvelle Bastille plus redoutable
et plus écrasante que la première, il nous faut recommencer 89,
recommençons !

(1) *Le sang de Germanicus.*
(2) Augustin Thierry, *Dix ans d'études historiques,* p. 519.